Leitfaden zur Trainingskontrolle

Vorwort

Eigentlich ist es tragisch. Im Sport, vor allem im Ausdauersport, hat sich ein Begriff etabliert, der die vergeblichen Bemühungen von Athleten beschreibt, ihre wahre Leistungsfähigkeit im Wettkampf unter Beweis zu stellen: der des Trainingsweltmeisters.

Generationen von Sportlern haben tagtäglich gerackert, gekämpft, asketisch gelebt und es doch nie geschafft, einmal ganz oben zu stehen. Vereinfachend könnte man rückblickend formulieren: mit Pulsuhr wär' das nicht passiert!

Das Geheimnis wirkungsvollen Ausdauertrainings liegt in der richtigen Intensität. Daher ist herzfrequenzgesteuertes Training im Ausdauersport heute Standard, nicht Ausnahme. Und das gilt gleichermaßen für Menschen, denen die Leistung alles ist, wie auch für solche, die „nur" gesund bleiben wollen. Angesichts der Krankheitsstatistiken, beherrscht von den Folgen zivilisationsbedingten Bewegungsmangels und Fehlernährung, ist Ausdauersport – richtig betrieben – eine der wertvollsten Freizeitbeschäftigungen überhaupt.

Sally Edwards hat es verstanden, die notwendigen Informationen interessant und verständlich darzustellen. Ihr Buch ist bei Anfängern und Fortgeschrittenen seit Jahren beliebt.
Zu Recht.

Dr. Thomas Wessinghage

Sally Edwards

Leitfaden zur Trainingskontrolle

Meyer & Meyer Verlag

Originaltitel: “The Heart Rate Monitor Book“
von Sally Edwards

Übersetzung: Jürgen Schiffer, Mechernich-Satzvey
Überarbeitung: Dierk Feyerabend, POLAR ELECTRO GmbH Groß-Gerau
Redaktion: Jürgen Sülzbrück, Hanau

Die Deutsche Bibliothek - CIP-Einheitsaufnahme
Edwards, Sally:
Leitfaden zur Trainingskontrolle / Sally Edwards.
[Übers.: Jürgen Schiffer. Überarb.: Dierk Feyerabend].
- 8. Aufl.
- Aachen : Meyer & Meyer, 1997
Einheitssacht.: The heart rate monitor book <dt.>
ISBN 3-89124-235-2
NE: Feyerabend, Dierk [Bearb.]

© 1992 by POLAR ELECTRO, OY, Finnland

3., überarbeitete Neuauflage 1994
4. Auflage 1995
5. Auflage 1995
6. Auflage 1996
7. Auflage 1996
8. Auflage 1997
Satz: Times Roman; Typeart, Hambüchen & Seibert, Grevenbroich
Druck: Druckerei Queck, Jüchen
Printed in Germany
ISBN 3-89124-235-2

Inhaltsverzeichnis

Vorwort des Verlegers

Seit zehn Jahren beschäftigt sich der Meyer & Meyer Verlag mit der Herausgabe von Büchern aus dem Bereich Sport. Waren es ursprünglich Trainingshandbücher für den Bereich Ausdauersport, so ist die Vielfalt der Veröffentlichungen in den letzten Jahren schwerpunktmäßig im Bereich Freizeit- und Breitensport erschienen.

Der gesundheitliche Aspekt im Freizeitbereich, insbesondere im Sport, nimmt eine immer bedeutendere Stellung ein. Wir sehen es daher als eine wichtige Aufgabe an, unseren Lesern die Möglichkeit zu geben, ihren Sport zu dosieren - je nach Gesundheit und Trainingszustand.

Das vorliegende Buch ist sowohl für den Freizeitsportler wie auch für den Leistungs- und Hochleistungssportler von großer Bedeutung. Wir sind uns sicher, mit diesem Buch, welches aus dem Amerikanischen übertragen und auf unsere europäischen Rahmenbedingungen angepaßt wurde, einen wertvollen Beitrag hierfür geleistet zu haben.

Hans Jürgen Meyer
Verleger

Vorwort

Stellen Sie sich vor, Sie hätten ein kleines elektronisches Gerät, das Ihnen mitteilt, wie hart Sie trainieren, so daß Sie Ihre Trainingszeit optimieren und beständigere Leistungen in Wettkämpfen bringen können. Dieses Gerät gibt es wirklich, es ist das Herzfrequenzmeßgerät.

Herzfrequenzmeßgeräte geben jedem die Möglichkeit, ein Hightech-Biofeedback-Training zu absolvieren. Herzfrequenzmeßgeräte ermöglichen Leistungs- und Breitensportlern, Gesundheitssportlern sowie Trainern, mit geringem Aufwand ausgeklügelte Trainingsprogramme zu entwickeln. So etwas war vor zehn Jahren noch undenkbar.

Ihr Herz ist der wichtigste Muskel in Ihrem Körper. Das Herz ist eine Art Barometer für den Rest Ihres Körpers, es sagt Ihnen, wie hart Sie trainieren, wie Ihr emotionaler Zustand ist, und wie schnell Sie Ihre Energiereserven aufbrauchen. Es sammelt diese physiologischen Variablen, mißt sie und meldet sich mit einem Signal, das Auskunft über Ihre allgemeine Kondition gibt. Dieses Signal ist Ihre Herzfrequenz, und aufgrund der Bedeutung dieses Signals für jeden sportlich Aktiven wurden drahtlose Herzfrequenzmeßgeräte entwickelt. Die zunächst in Finnland entwickelten Herzfrequenzmeßgeräte messen Ihre Herzfrequenz mit einer Genauigkeit, die nur von teuren medizinischen Einrichtungen übertroffen wird.

Sowohl Anfänger wie Olympiateilnehmer und Rehabilitationssportler haben Herzfrequenzmeßgeräte benutzt und davon profitiert. Die Liste derjenigen, die POLAR-Herzfrequenzmeßgeräte im Training und Wettkampf einsetzen, enthält Namen wie Dieter Baumann, Stephane Franke, Pauli Kiuru, Simone Mortier, Scott Tinley, Olaf Ludwig, Jens Heppner, Mike Kluge, Joe Montana, Lyle Alzado, Bruce Jenner, das Schwimm-Team von Stanford, die Washington Redskins, die Chicago Bears, der Bund Deutscher Radfahrer, die sowjetische Radsportmannschaft, mehrere Olympische Trainingszentren in den USA und BRD, fast alle Divisionen der amerikanischen Luftwaffe, des Heeres, der Navy und der Marine, NASA-Astronauten (die Herzfrequenzmeßgeräte beim Laufbandtraining im All verwenden), Universitäten sowie viele Koronar-Rehabilitationszentren und Krankenhäuser in der ganzen Welt.

In vielerlei Hinsicht ist das Training mit einem Herzfrequenzmeßgerät so, als hätten Sie einen portablen Fulltime-Trainer direkt an Ihrem Körper befestigt. Herzfrequenzmeßgeräte sorgen dafür, daß man bei der Bestimmung der Trainingsintensität nicht mehr auf bloße Vermutungen angewiesen ist. Sie sind daher exzellente Führer, wenn Sie Ihre Leistung genau auswerten und Ihren Trainingsplan entsprechend anpassen müssen.

Sally Edwards ist eine Sportlerin und Trainerin, die mannigfaltige Trainings- und Wettkampferfahrungen gesammelt hat. Sie hat Trainingspläne geschrieben, selbst trainiert, über Niederlagen getrauert und sich über Siege gefreut. Was sie in diesem Buch anbietet, ist für die Praxis geschrieben. Es funktioniert, und Sie können es bereits morgen in Ihrem Training einsetzen und testen.

Sally Edwards hat sich große Mühe gegeben, die Reaktionen des Körpers auf Training für jeden verständlich zu beschreiben. Dieses Buch enthält die volle Spannweite ihrer Vorträge und Gedanken sowie der Diagramme, mit denen sie das, was sie sagt, unterstreicht. Hier findet sich sozusagen in einem Buch all das wissenschaftliche und praktische Wissen, das der Leser braucht, um über herzfrequenzorientiertes Training und Herzfrequenzmeßgeräte Bescheid zu wissen. Sally Edwards vermittelt dieses Wissen aus ihrer eigenen Erfahrung, aus der wissenschaftlichen Literatur und aus den Erfahrungen von Spitzenathleten und -trainern wie z.B. Mark Allen, Simone Mortier, Dr. Arndt Pfützner, Wolfram Lindner, Dr. Thomas Wessinghage, Dr. Kuno Hottenrott.

Ich kann mir nur ein Problem vorstellen, das dieses Buch schafft - die Personen, die dieses Buch lesen und studieren, haben sicherlich einen unfairen Vorteil gegenüber ihren Konkurrenten, die dieses Buch nicht kennen.

EDMUND R. BURKE, PH.D.
Colorado Springs, Colorado,
1. August 1992

Einleitung

Jedes Jahr kommt ein neues Produkt auf den Markt, oder eine neue Trainingsmethode wird entwickelt, in der Annahme, hierdurch selbst mittelmäßige Sportler in einen nächsten Dieter Baumann zu verwandeln. Ich muß zugeben, daß ich selbst einige dieser Produkte und Methoden ausprobiert habe, von einem einfachen kohlenhydratreichen Sportdrink über erschöpfende $VO_{2\,max}$-Tests oder Tests zur Bestimmung der anaeroben Schwelle bis hin zu allerlei Scheibenrad-Varianten und Rädern mit drei bzw. vier oder gar blattförmigen Speichen. Das einzige Produkt, bei dem ich nach allen Tests geblieben bin, ist allerdings mein Herzfrequenzmeßgerät.

Vor etwa sieben oder acht Jahren lernte ich einen späteren Freund kennen, der viel mit einem Herzfrequenzmeßgerät im Labor und auf der Straße experimentiert hatte. Er erklärte mir die Grundlagen des Trainings mit einem derartigen Gerät und riet mir, es einmal einen Monat lang auszuprobieren, um mir eine Meinung darüber zu bilden. Zuerst schien es mir so, als ob dieser piepsende, bei jedem Lauf und jeder Rad-Trainingsfahrt um meine Brust geschnallte Apparat mich eines großen Teils meiner Trainingsspontanität berauben würde. Wenn meine Trainingskameraden zu einem Ortsschild sprinteten, mußte ich zurückbleiben, um zu vermeiden, daß das Gerät eine zu hohe Herzfrequenz signalisierte. Zu jener Zeit dachte ich, ich würde etwas verpassen.

Nach ein paar Wochen, in denen ich mich als Sklave eines mechanischen Apparates gefühlt hatte, stellte ich nicht nur eine Verbesserung meiner Geschwindigkeiten bei allen Herzfrequenzen fest, sondern ich erholte mich auch viel schneller. Mein Herzfrequenzmeßgerät wurde zu meinem besten Trainingspartner. Ich erhielt noch während der Belastung ein objektives Feedback über das, was in meinem Körper passierte. Ich begann zu verstehen, daß zwischen Über- und Untertraining, Schnelligkeit, Erholung, Ermüdung und Ausdauer eine Wechselbeziehung besteht, und daß diese Fähigkeiten bzw. Zustände mit einem Herzfrequenzmeßgerät ermittelt werden können. Durch Herstellen einer bloßen Korrelation zwischen meiner gefühlsmäßigen Wahrnehmung in vielfältigen Trainingssituationen und dem, was mein Herzfrequenzmeßgerät mir mitteilte, war ich schließlich imstande, ein Trainingsprogramm zusammenzustellen, das genau auf MEINEN Körper abgestimmt und insofern sinnvoll war.

Mark Allen gewinnt 1991 seinen dritten Ironman mit einem POLAR SPORT TESTER PROFI.

Ich entschloß mich schließlich, die Resultate meines Trainings mit einem Herzfrequenzmeßgerät einem echten Test zu unterziehen. Ich lief 5 Meilen (8.045 m) auf einer Bahn, wobei ich eine Herzfrequenz von 155 Schlägen pro Minute beibehielt, und notierte mein durchschnittliches Meilentempo. Ich lief etwa 6:45 min pro Meile (4:11 min/km). Dann, gegen Ende der Saison, wiederholte ich den gleichen Test. Meine Durchschnittszeit bei 155 Herzschlägen pro Minute hatte sich auf etwa 5:30 pro Meile (3:25 min/km) verbessert. Dies bedeutete, daß ich bei der gleichen Herzfrequenz bzw. der gleichen Intensität jede Meile über 1 Minute SCHNELLER lief, nur weil ich mit dem Herzfrequenzmeßgerät intelligenter trainiert hatte.

Die Prinzipien des Trainings mit einem Herzfrequenzmeßgerät mögen am Anfang durchaus ein wenig verwirrend erscheinen, aber ich glaube, wenn Sie Sally Edwards Buch lesen, werden Sie feststellen, daß der Einsatz eines Herzfrequenzmeßgerätes Ihr gesamtes Trainingsprogramm erheblich vereinfacht. Das Herzfrequenzmeßgerät gibt Ihrem Programm einen klar definierten Rahmen. Zu diesem Rahmen können Sie soviel an Kreativität beisteuern, wie Sie zu produzieren imstande sind. Sie werden mit einem Herzfrequenzmeßgerät effektiver trainieren, Sie werden stärker und schneller trotz reduzierter Trainingszeit.

In den vergangenen acht Jahren habe ich das Herzfrequenzmeßgerät bei fast allen Lauf- und Rad-Trainingseinheiten dabei gehabt, und ich habe es schätzen gelernt. Ich bin aus zwei Gründen bei dem Gerät geblieben: Erstens ist es leicht zu bedienen und zu verstehen, wie Sie bei der Lektüre dieses Buches sicherlich auch feststellen werden. Für mich ist das beinahe genauso wichtig wie die Effektivität des Gerätes, denn ein Programm kann noch so wirkungsvoll und feinabgestimmt sein, ich würde nicht danach trainieren, wenn es zu kompliziert oder zeitintensiv wäre. Der zweite Grund ist, daß ein Training mit einem Herzfrequenzmeßgerät erfolgreich ist. So war ich in der Lage, meine Leistung im Verlauf der Jahre zu verbessern, ohne auszubrennen oder mich zu verletzen. Die meisten Sportler gehen schlicht davon aus, daß dies zum Training dazugehört.

Natürlich wird das Herzfrequenzmeßgerät nicht das Training für Sie erledigen - trainieren müssen Sie immer noch selbst. Das Gerät wird Sie auch nicht davon abhalten, verrückte Dinge zu tun, die Ihrem Körper schaden. Wenn Sie jedoch nach einem leichten und ausgesprochen effektiven Weg suchen, Ihren Körper zu kontrollieren, ein Feedback zu erhalten, das Sie normalerweise nur in einem Labor bekommen, und Ihre Leistung durch ein vernünftigeres statt härteres oder umfangreicheres Training verbessern wollen, dann empfehle ich Ihnen, sich ein Herzfrequenzmeßgerät zu kaufen und es einmal auszuprobieren.

MARK ALLEN
Boulder, Colorado,
13. Juli 1992

Kapitel 1

Eine Begegnung mit dem Herzfrequenzmeßgerät

Vor vierzig Jahren war es ein Thema für Comics: eine “Dick-Tracy-Uhr”, die die körperliche Kondition ihres Trägers mißt. Vor zehn Jahren wurden Herzfrequenzmeßgeräte in Versuchslabors eingesetzt, in denen Leistungsphysiologen den kardiovaskulären Konditionszustand ihrer Athleten analysierten. Heute passen Herzfrequenzmeßgeräte um Ihr Handgelenk und sind nicht teurer als ein gutes Paar Laufschuhe oder ein Trainingsanzug.

Herzfrequenzmeßgeräte liefern prinzipielle Biofeedback-Daten – der Schlüssel zur Regulation der Intensität und Qualität Ihrer Trainingseinheit. Wenn Sie sich beim Sporttreiben lediglich auf Schätzwerte verlassen und sich nach Ihrer subjektiv wahrgenommenen Belastung richten, fehlen Ihnen präzise Daten, und Sie sind kaum besser dran als völlig ohne Informationen.

Durch die Lieferung nützlicher Biofeedback-Daten kann jeder den Zustand der Fitneß erreichen. Denken Sie einmal darüber nach: Es kann nur einen Weltmeister geben, aber Millionen Menschen können Spaß daran haben, wie ein Champion zu trainieren. Der Beste zu sein, ist nicht so wichtig wie das Erreichen Ihrer persönlichen Bestleistung, und hierbei können Ihnen Herzfrequenzmeßgeräte helfen.

Herzfrequenzmeßgeräte arbeiten für jeden, der seine Leistung innerhalb sicherer Grenzen kontrollieren will. Sie arbeiten für jeden, der sich von einer Verletzung oder einer Herzerkrankung erholt. Sie arbeiten für jeden, der Biofeedback-Techniken einsetzen will, um sich zu entspannen und zu erholen. Und sie arbeiten für jeden, der abnehmen oder einfach Spaß haben will.

Für Leistungssportler, die bei ihrem Training einen ganz klaren Zweck verfolgen, ist das Herzfrequenzmeßgerät ein Instrument zur Feinabstimmung des Trainings. Bei Personen, die mehr an Fitneß als an Wettkämpfen interessiert sind, kann das Herzfrequenzmeßgerät die

Belastungszeit und den Einsatz optimieren. Dies bedeutet, daß Sie weniger zu trainieren brauchen, um größeren Nutzen aus Ihrem Training zu ziehen.

In den letzten Jahren haben viele Spitzenathleten drahtlose elektronische Herzfrequenzmeßgeräte benutzt, um Europameisterschaften zu gewinnen. Viele von ihnen können auf ihr Herzfrequenzmeßgerät nicht mehr verzichten. Sportler wie der dreifache Ironman-Sieger Mark Allen, Dieter Baumann, Matt Brick und Simone Mortier setzen Herzfrequenzmeßgeräte gezielt ein und haben sie zu einem wichtigen Bestandteil ihrer Trainingsprogramme gemacht. Sie wissen schon lange, wie wichtig es ist, die Interaktion zwischen Psyche und Körper zu verstehen.

Einige Spitzenathleten sprechen von "Trainingsgeheimnissen" und spielen damit auf magische Trainingsmethoden an, die dem "normalen" Sportler nicht zur Verfügung stehen. Lassen Sie mich nach Jahren des Trainings und Wettkampfs sowie der Erfahrung im Sport folgendes sagen: Es gibt keine Trainingsgeheimnisse. Alle Erkenntnisse der Sportwissenschaft stehen jedermann zur Verfügung. Aber die Technologie macht rasende Fortschritte, und wenn ein Trainingsmittel wie das Herzfrequenzmeßgerät auftaucht, ist es ratsam, sein Trainingsprogramm zu überdenken. Würden Bauern etwa ihre Felder mit der Hand pflügen, wenn man ihnen Traktoren gäbe?

Wenn Sie Ihr Training präzise kontrollieren und verfeinern können, so daß Sie jede einzelne Trainingseinheit optimieren, dann und nur dann haben Sie ein "Trainingsgeheimnis". Es ist ein Geheimnis, das nicht dupliziert oder kopiert

Bei jedem Training und jedem Rennen benutze ich ein Herzfrequenzmeßgerät.

werden kann, denn es ist einzigartig für Sie. Ein Training mit der für Ihren Fitneßzustand und Ihre Leistungsziele optimalen Intensität wäre ohne die Einführung des Herzfrequenzmeßgerätes nicht möglich gewesen. Der Grund ist einfach: Herzfrequenzmeßgeräte messen Ihre individuellen kardiovaskulären und physiologischen Belastungsreaktionen sehr genau.

Herzfrequenzmeßgeräte können allerdings für den Neuling immer noch ein wenig angsteinflößend sein. Lassen Sie sich keine Angst einjagen - seien Sie gespannt. Herzfrequenzmeßgeräte sind nicht nur das nützlichste Hilfsmittel seit der Erfindung der Digitaluhren, sie machen auch viel Freude.

Ich fand heraus, genau wie Sie es auch tun werden, daß ein Herzfrequenzmeßgerät das wichtigste Hilfsmittel ist, das ein Fitneß-Sportler heute braucht. Der Grund ist einfach: Herzfrequenzmeßgeräte stellen eine direkte Verbindung zwischen Geist und Körper her. Vielleicht gehören Sie noch der Gedankenschule an, deren Prinzip lautete: "Ohne Schmerzen kein Erfolg", und für Sie kann eine gute Trainingseinheit an der Anzahl der Aspirintabletten gemessen werden, die Sie später am Abend nehmen müssen. Sie setzen Ihren Geist über Ihren Körper, und das sollte nicht Ihr Ziel sein. Versuchen Sie, Ihren Verstand und Körper zur Zusammenarbeit zu bewegen. Die Information, die Sie von einem Herzfrequenzmeßgerät erhalten, wird Ihnen erlauben, sich für ein sinnvolles, effizientes und systematisches Trainingsprogramm zu motivieren, das sowohl Ihre Leistung als auch Ihren gesamten Gesundheitszustand verbessern wird.

Das Messen Ihrer Herzleistung

Es gibt zwei Methoden, Ihre Herzfrequenz zu bestimmen: eine manuelle und eine elektronische. Jahrelang haben Sportler ihre Trainingseinheiten unterbrochen, um ihre Finger an ihr Handgelenk oder ihren Hals zu legen. Indem sie stehenbleiben, rechnen und wieder zu laufen beginnen, unterbrechen sie ihren Trainingsrhythmus. Elektronische Herzfrequenzmeßgeräte sind wesentlich effizienter, verläßlicher und längst nicht so störend. Es gibt zwei grundsätzliche Arten von Herzfrequenzmeßgeräten: Meßgeräte mit einem Elektroden enthaltenden Brustgurt und Meßgeräte, die auf der Basis von Fotozellen arbeiten.

Geräte, die mit Fotozellen arbeiten (auch fotoreflektierende oder Infrarot-Meßgeräte genannt) messen die Pulsfrequenz. Ein Fotozellen- oder Puls-Punkt-Element verwendet einen Fotozellsensor und eine Lichtquelle, die am Ohrläppchen oder Finger angebracht ist, um die Pulsfrequenz zu messen. Wenn das Blut durch eine kleine Arterie fließt, unterbricht es mit jedem Pulsschlag das Lichtmuster des Sensors. Die von dieser Deflektion des Lichtstrahls erhobenen Daten werden auf einen Monitor übertragen, der die Daten als Ihren Pulsschlag wiedergibt.

Strenggenommen ist dieser Computer kein Herzfrequenzmeßgerät, denn es mißt die Puls- und nicht die Herzfrequenz. Dies mag nur ein kleiner Unterschied sein, aber er ist wichtig. Die Pulsfrequenz ist Ausdruck der mechanischen Frequenz Ihres Herzens. Das bedeutet, sie gibt an, wie oft Ihr Herz Blut durch Ihre Arterien pumpt und sie dadurch erweitert. Wirkliche Herzfrequenzmeßgeräte messen die elektrische Frequenz des Herzens, die Anzahl der Schläge pro Minute, mit denen das Herz arbeitet. Diese Herzfrequenzmeßgeräte verwenden Elektroden und messen die elektrischen Veränderungen des Herzens; Pulsfrequenzmeßgeräte dagegen verwenden Sensoren, die den mechanischen Puls des Blutstroms messen, der dann in ein Display verwandelt wird, das die Schläge pro Minute anzeigt.

Wichtig ist auch zu wissen, daß die Fotozellsensoren, die in Pulsmeßgeräten eingesetzt werden, draußen wegen der konstanten und manchmal drastischen Veränderungen des natürlichen Lichts nicht sehr zuverlässig sind. Ferner reagieren sie sehr empfindlich auf Körperbewegungen und sind bei hohen Belastungsintensitäten nicht sehr genau. Auch die Programmierungsmöglichkeiten dieser Computer sind begrenzt.

Herzfrequenzmeßgeräte benutzen im Gegensatz dazu zwei Elektroden, die auf einem versiegelten elektronischen Überträger angebracht sein müssen, der seinerseits mit einem elastischen Gurt an der Brust befestigt ist. Diese auf Telemetrie basierenden Einheiten nehmen die elektrischen Impulse des Herzens auf und senden die Information über ein elektromagnetisches Feld zu einem am Handgelenk befestigten Monitor. Sie sind äußerst genau (die Abweichung beträgt noch nicht einmal einen Schlag pro Minute) und können sehr vielfältig programmiert werden, so daß Sie mit größerer Präzision trainieren können. Die Korrelationen zwischen den mittels drahtlosen Herzfrequenzmeßgeräten und gleichzeitig mittels eines Elektrokardiographen (EKG) mit festverdrahtetem Monitor im Krankenhaus ermittelten Daten sind sehr hoch.

Es gibt sogar Herzfrequenzmeßgeräte, die für das Training in bestimmten Situationen gedacht sind, wie z.B. für das Training auf einem Fahrrad, bei dem die Anzeige des leichteren Lesens wegen am Lenker befestigt ist. Einige dieser Geräte zeigen Ihnen nicht nur Ihre Herzfrequenz an, sondern auch Ihren Trainingsbereich (in Relation zu Ihrer maximalen Herzfrequenz). Zusätzlich achtet man bei der aktuellen und zukünftigen Generation von Herzfrequenzmeßgeräten auch auf das Äußere - sie sind kaum größer als eine Armbanduhr.

Wie Sie sich mit Ihrem Herzfrequenzmeßgerät vertraut machen

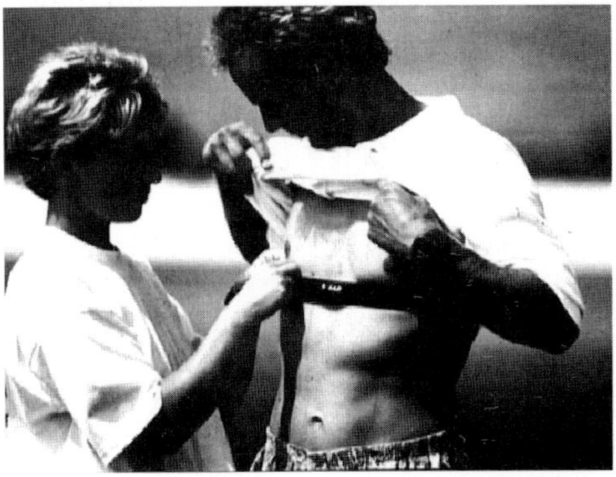

Herzfrequenzmesser bestehen immer aus zwei Teilen (Senderbrustgurt und Empfänger).

Um das Maximum aus Ihrem Herzfrequenzmeßgerät herauszuholen, sollten Sie sich die Zeit nehmen, um die jedem Gerät beiliegende Gebrauchsanweisung zu lesen und sich mit Ihrem neuen Trainingsbegleiter, dem Herzfrequenzmeßgerät, vertraut zu machen.

Nach dem Kauf meines ersten Herzfrequenzmeßgerätes hatte ich mir zunächst nicht die Zeit genommen, die man braucht, um "sein Herzfrequenzmeßgerät besser kennenzulernen". Folglich war das einzige, das ich mit meinem Gerät tun konnte, es umzuschnallen und die permanente Herzfrequenzanzeige zu lesen. Ich verpaßte die Gelegenheit, die Signaltöne, die Speichermöglichkeit und Wiederabrufmöglichkeit, die Trainingsbereichsgrenze und die Zeitmerkmale zu nutzen. Ich be-

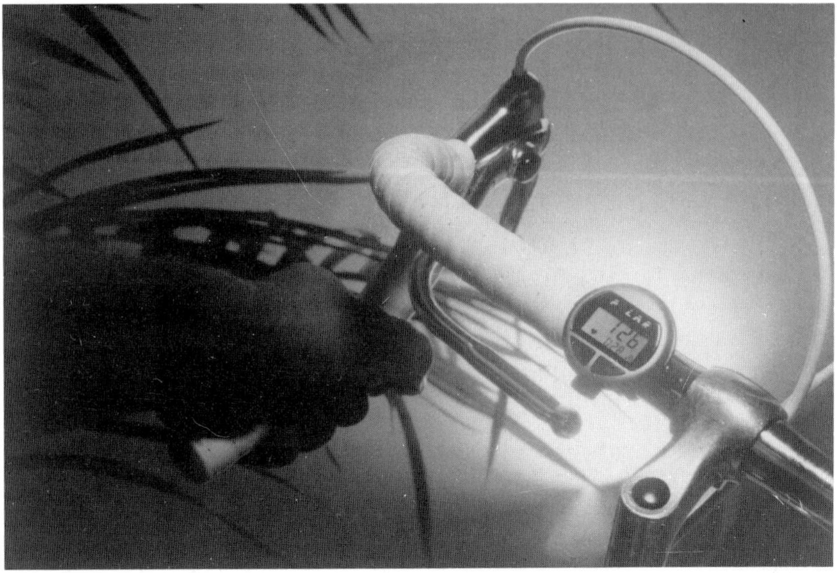

Alle POLAR-Herzfrequenzmeßgeräte können an Trainingsgeräten befestigt werden. Hier ist der Empfänger am Fahrradlenker befestigt.

nutzte mein Herzfrequenzmeßgerät als Geschwindigkeitsmesser, nicht als ein Mittel zum Herstellen eines Biofeedbacks zwischen Herz und Geist.

Es bedurfte einer Flugreise und einer inneren Vereinbarung mit mir selbst, um mir die Zeit zu nehmen, die besonderen Eigenschaften zu erlernen, die ein Herzfrequenzmeßgerät zu einem solch nützlichen Ausrüstungsgegenstand machen. Ob Sie ein Herzfrequenzmeßgerät bereits einige Jahre lang besitzen oder ob Sie sich gerade eines gekauft haben, Sie müssen sich zwingen, all seine Funktionen zu erlernen. Allen Herzfrequenzmeßgeräten ist eine Gebrauchsanweisung beigefügt. Wenn Sie Ihre verlegt haben, kontaktieren Sie den Hersteller, und man wird Ihnen eine neue schicken. Die Hersteller haben ein offensichtliches Motiv: Wenn Ihr Herzfrequenzmeßgerät in der Schublade liegt, statt an Ihrer Brust befestigt zu sein, war das angebotene Produkt nicht gerade ein Erfolg.

Der schnelle und leichte Weg, die Grundlagen der Arbeit mit einem Herzfrequenzmeßgerät zu erlernen, besteht darin, sie zu entmystifizieren. Sie mögen auf den ersten Blick kompliziert erscheinen, aber Sie werden bald herausfinden, daß sie viel einfacher sind, als sie aussehen.

Drahtlose Herzfrequenzmeßgeräte bestehen aus zwei Komponenten: einem Brustgurt mit integriertem Sender und einem Empfänger. Der Aufbau eines Herzfrequenzmeßgerätes ist also sehr einfach.

Der Brustgurt mit integriertem Sender: Diese Sendeeinheit läßt sich bequem und leicht anlegen und sich verschiedenen Brustumfängen anpassen. Auf der Innenseite des Brustgurts befinden sich zwei Elektroden, die die elektrischen Signale Ihres Herzens aufnehmen und diese Daten an den Sender weiterleiten.

Die Funktion des Senders besteht darin, die Herzfrequenzdaten kontinuierlich von den Gurtelektroden über ein elektromagnetisches Feld zum Handgelenksmonitor oder einem anderen Empfänger zu senden.

Der Empfänger: Der Empfänger sieht aus wie eine Armbanduhr. Es gibt unterschiedliche Displays zum Ablesen der Daten, aber die Grundlagen sind alle gleich. Im folgenden finden Sie eine Liste der unterschiedlichen Merkmale.

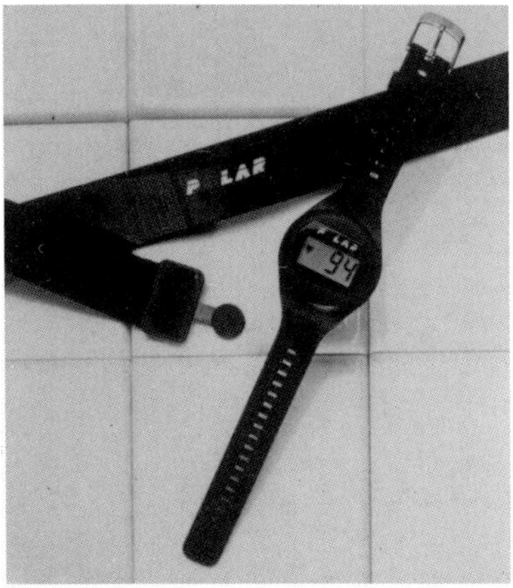

Der POLAR FAVOR ist ein Herzfrequenzmeßgerät, das nur Ihre Herzfrequenz anzeigt. Er ist das am leichtesten zu bedienende Herzfrequenzmeßgerät.

Herzfrequenz: Diese Angabe bezieht sich auf die Anzahl der Herzschläge pro Minute (Schläge/min).

Tageszeit: So einfach wie es klingt.

Weckeinrichtung/Alarm: Viele Herzfrequenzmeßgeräte können wie ein ganz normaler Wecker benutzt werden.

Zielbereich: Mit Hilfe dieser Funktion können Sie für Ihre Ziel-Trainingszone (ZTZ) hohe und niedrige Grenzen setzen, im allgemeinen in Steigerungsraten von 5 Schlägen/min. Wenn Ihre Herzfrequenz unter- oder oberhalb einer dieser beiden Grenzen liegt, hören Sie bei jedem Herzschlag einen Warnton, und bei einigen Modellen blinkt die Anzeige auf.

Abruf: Dies ist die Speicherfunktion eines Herzfrequenzmeßgerätes, die Ihnen verschiedene Aspekte Ihrer Trainingseinheit nach deren Ende präsentiert. Einfache Herzfrequenzmeßgeräte speichern die Zeit, während der Sie sich über der unteren Grenze Ihrer ZTZ befanden; mittelklassige Herzfrequenzmeßgeräte geben Ihnen die Zeit innerhalb, oberhalb und unterhalb Ihrer ZTZ an; und hochklassige Herzfrequenzmeßgeräte speichern Ihre Herzfrequenz in spezifischen Intervallen (so z.B. alle 15 oder 60 Sekunden), die Sie verwenden können, um die Zeit zu bestimmen, die Sie in jedem von Ihnen festgelegten Intervall verbracht haben, und um das Muster des Anstiegs und Sinkens Ihrer Herzfrequenz graphisch darzustellen.

Stoppuhr: Viele Herzfrequenzmeßgeräte können wie eine Stoppuhr eingesetzt werden.

Timer: Einige Herzfrequenzmeßgeräte besitzen einen akustischen Timer, der so eingestellt werden kann, daß er zu bestimmten Zeiten während Ihrer Trainingseinheit piepst. Einige Modelle besitzen sogar multiple Timer. So können Sie z.B. einen Timer so einstellen, daß er Sie alle drei Minuten daran erinnert, auf Ihr Display zu schauen und Ihre Herzfrequenz zu kontrollieren, und einen zweiten Timer so, daß er alle 30 Minuten piepst und damit das Ende eines Trainingsintervalls anzeigt.

Speicherdateien: Es gibt einige hochklassige Herzfrequenzmeßgeräte, die Ihnen ermöglichen, die während einer Trainingseinheit erreichten Herzfrequenzen in Dateien zu speichern, wie Sie es bei einem Tischcomputer tun würden. Später können Sie dann diese Herzfre-

Die POLAR-Herzfrequenzmeßgeräte sind wasserdicht und damit auch zum Schwimmen geeignet.

quenz-Informationen wieder abrufen. Mit Hilfe einer entsprechenden Computer-Schnittstelle und Software können Sie die Daten sogar in einen PC herunterladen.

Accessoires: Es gibt eine ganze Menge Zubehör zu Ihrem Herzfrequenzmeßgerät. So können Sie z.B. für Ihr Fahrrad eine Halterung kaufen sowie eine für das Schwimmtraining. Ferner gibt es extra große Brustgurte sowie Computer-Software und eine Schnittstelle, mit deren Hilfe Sie Ihre Daten ausdrucken können.

Bei Einsatz Ihres Herzfrequenzmeßgerätes sollten Sie die folgenden Hinweise befolgen:

1. Schnallen Sie sich den Brustgurt bequem, d.h. nicht allzu fest, um die Hüften, und ziehen Sie ihn bis knapp unter Ihre Brustwarzen bzw. unter Ihre Brustmuskeln.
2. Befeuchten Sie die beiden Elektroden mit Wasser oder Speichel.
3. Tragen Sie den Sender auf der Haut.
4. Stellen Sie die Handgelenksanzeige so ein, daß sie Ihre Herzfrequenz anzeigt, und merken Sie sich Ihre Startherzfrequenz.

Selbstverständlich brauchen Sie jetzt ein Herzfrequenzmeßgerät, um weiterzulernen. Wenn Sie keins haben, lesen Sie die "Richtlinien für den Erwerb eines Herzfrequenzmeßgerätes" am Ende dieses Kapitels. Die Tabelle soll Ihnen Informationen geben, die Ihnen helfen, sich für das Herzfrequenzmeßgerät zu entscheiden, das Ihren Bedürfnissen am ehesten entspricht.

Haben Sie sich für ein Gerät entschieden, dann ist alles, was Sie zu tun haben, den nächsten Händler für Herzfrequenzmeßgeräte zu finden - Herzfrequenzmeßgeräte werden meistens von Sport-Fachgeschäften, Fahrrad-Fachgeschäften oder Sanitäts-Fachgeschäften angeboten. Kaufen Sie Ihr Herzfrequenzmeßgerät in einem Fachgeschäft, das Ihnen Service und Hilfe in der Anwendung dieses Trainingsgerätes bietet, mit Personal, das für Sie da ist, wenn Sie einmal eine Frage haben.

Herzfrequenzmeßgeräte sind Ihre Freunde, und wie bei den meisten guten Freunden braucht man Zeit, um sie zu verstehen, sich mit ihnen vertraut zu machen und einige Barrieren zu durchbrechen, die Sie daran hindern, sie noch besser kennenzulernen. Eine gute Freundin von mir, die Ärztin und Triathletin Kim Fehir, erhielt ein Herzfrequenzmeßgerät als Geburtstagsgeschenk von ihrem Ehemann John. Er schenkte ihr ein Spitzenmodell, denn sie ist die Frau und Sportlerin, die mit einem solchen Gerät etwas anfangen könnte.

Bis heute hat Kim allerdings noch immer keine Ahnung, wofür sie das Herzfrequenzmeßgerät neben der Herzfrequenzmessung verwenden kann. Kim kämpft noch immer mit den einzelnen Funktionen und sagt mir häufig: "Sally, eigentlich will ich nur meine Herzfrequenz wissen. Und im übrigen finde ich einfach nicht heraus, wie man all die Zonen und Intervalle mit ihren Signaltönen einstellt." Ich sage Kim genau das gleiche wie Ihnen: Ihr Herzfrequenzmeßgerät ist für Sie da. Betrachten Sie es als einen Vertrauten, Motivierer, Begleiter und als Stütze. Kurz gesagt, das Herzfrequenzmeßgerät sollte Ihr Freund sein.

Nur noch ein letzter Hinweis: Dieses Buch wurde als Einführung in die Funktion und Handhabung von Herzfrequenzmeßgeräten für Menschen mit unterschiedlichen Interessen, Hintergründen, Fitneß- und Gesundheitszuständen geplant. Es kann also durchaus sein, daß nicht alles, was in den einzelnen Kapiteln steht, auf Ihre besonderen Bedürfnisse ausgerichtet ist. Aber da das Abstimmen der Fitneß auf

Ihre persönlichen Bedürfnisse der eigentliche Sinn von Herzfrequenzmeßgeräten ist, will ich Ihnen im folgenden kurz vier Möglichkeiten skizzieren, das Buch zu lesen. Sie selbst können auswählen, welcher Kurs durch das Buch Ihnen am besten liegt.

Vier Wege durch das Buch

Für den Anfänger bzw. den Fitneßsportler: Lesen Sie die Kapitel 1 bis 9 und 13 bis 14, und widmen Sie den Tabellen, Kurven, Zahlen sowie den Experten-Ratschlägen und Trainingseinheiten nicht allzu viel Zeit. Sie können auf diese zurückkommen, wenn Sie fertig mit der Lektüre sind.

Für Ernährungs- und Gewichtsbewußte: Wie der Anfänger und Fitneßsportler sollten Sie die Kapitel 1 bis 9 und 13 bis 14 lesen, aber stellen Sie sicher, daß Sie zusätzlich noch Kapitel 10 lesen "Abnehmen mit Hilfe eines Herzfrequenzmeßgerätes". Schenken Sie diesem Kapitel besondere Aufmerksamkeit. Sie können die spezielleren Ratschläge, Trainingseinheiten und Zahlen je nach Ihren Ansprüchen durchlesen oder auch einfach überschlagen.

Für Koronar-Rehabilitationspatienten: Die Lektüre der Kapitel 1 bis 9 und 13 bis 14 wird auch für Sie sehr nützlich sein, aber achten Sie besonders auf Kapitel 11 "Koronar-Rehabilitation". Dieses Kapitel wurde unter Berücksichtigung Ihrer Bedürfnisse geschrieben und wurde von Ärzten und anderen in diesem Bereich arbeitenden Spezialisten durchgesehen; sie alle wollen Ihnen auf dem Weg zur Besserung helfen. Sie können die anderen spezielleren Abbildungen und Trainingshinweise in diesem Buch entweder überschlagen oder durchlesen, wie es Ihnen geeignet erscheint. Probieren Sie jedoch nicht die Trainingseinheiten für Fortgeschrittene aus, es sei denn, Ihr Arzt hat dem zugestimmt.

Für Sportler mittlerer Leistungsstärke, Leistungssportler und Profis: Es mag durchaus sein, daß Ihnen in den ersten Kapiteln einiges nicht schnell genug vorangeht, aber auch dort finden Sie einige Hinweise, die Sie in Ihrem Training mit Nutzen umsetzen können. Tatsächlich kann das ganze Buch, mit Ausnahme der Kapitel 10 und 11, Ihrem Training dienlich sein. Sie sollten auch den Anhang zu verschiedenen Herzfrequenzformeln und Tests zur Bestimmung der anaeroben Schwelle lesen; je mehr Informationen man im Hochleistungstraining besitzt, desto besser.

Sind Sie bereit? Dann auf die Plätze, fertig, los!

Tips für den Kauf eines Herzfrequenzmeßgerätes

Der Kauf eines Herzfrequenzmeßgerätes ist eine sehr wichtige Entscheidung, die sowohl auf Ihre Fitneßbedürfnisse als auch auf Ihren Geldbeutel abgestimmt sein sollte. Der erste Schritt sollte daher die Bestimmung der Kategorie sein, in die Sie am besten passen. Dann können Sie die Merkmale bestimmen, die für Ihre Kategorie am notwendigsten sind, um auf Basis dieser Merkmale das Modell des Herzfrequenzmeßgerätes auszuwählen.

WER WELCHE HERZFREQUENZ - MESSGERÄTE VON POLAR EINSETZEN SOLLTE:

Technik Zielgruppe	Einfach	Qualifiziert	Professionell
Rehapatient	FITWATCH, PACER	EDGE	PROFI
Freizeitsportler	FAVOR, FITWATCH PACER	PROTRAINER	ACCUREX, PROFI
Sportprofi	ACCUREX	PROFI	PROFI mit Interface

WAS BIETEN HERZFREQUENZ - MESSGERÄTE VON POLAR?

SPORTTESTER	EKG-genaue, aktuelle Herzfrequenz	Wasserdicht	Obere/Untere Grenze/Alarm	Uhranzeige	Stopp-Funktion	Speicher	Display Beleuchtung	Auswert.-Möglichkeit mit Interface
FAVOR	x	x						
FITWATCH	x	x	x					
PACER	x	x	x	x				
EDGE	x	x	x	x	x			
PROTRAINER	x	x	x	x	x			
ACCUREX II	x	x	x	x	x	x		
ACCUREX Nightvision	x	x	x	x	x	x	x	
PROFI	x	x	x	x	x	x		x

Kapitel 2

Einige Grundlagen

Es gibt einige Grundlagen, Hinweise und Begriffe, die Sie kennen müssen, wenn Sie ein Herzfrequenzmeßgerät in Ihrem Training benutzen. Hier sind sie ...

Hinweise zur Benutzung Ihres Herzfrequenzmeßgerätes

1. Ihr Brustgurt muß normalerweise ein wenig vorbereitet werden, wenn Sie wollen, daß er Daten übermittelt, denn die Datenübermittlung ist auf ein gewisses Ausmaß an Feuchtigkeit angewiesen, damit sich die Leitfähigkeit erhöht. Bevor Sie den Gurt bis unterhalb Ihrer Brustmuskeln hochziehen, feuchten Sie die Stellen an, an denen die Elektroden die Information lesen. Nehmen Sie dazu Wasser, Salzlösung (Kontaktlinsenflüssigkeit funktioniert wirklich sehr gut) oder Speichel, feuchten Sie den Bereich an, und positionieren Sie dann den Brustgurt.

2. Wenn Sie eine Serie von Fehlinformationen erhalten, sollten Sie den festen Sitz Ihres Brustgurtes überprüfen. Wenn der Brustgurt locker ist, kann die Reibung des Gurtes an Ihrer Haut Elektrizität erzeugen, was zu falschen Daten führt.

3. Wenn der Empfänger an Ihrem Handgelenk ein Signal erhält, blinkt auf der Anzeige ein Herz-Symbol im gleichen Rhythmus wie Ihr Herzschlag auf. Um dies zu überprüfen, nehmen Sie Ihren Gurt ab, und reiben Sie die innere Stelle des Elektrodenkontakts. Achten Sie dabei darauf, ob das Aufblinken mit der Geschwindigkeit Ihres Reibens übereinstimmt.

4. Der Sender schickt ein eher schwaches Signal an den Handgelenksempfänger, daher sind Interferenzen durch ausgeprägte Radiowellen (insbesondere in der Nähe von Hochspannungsleitungen und anderen elektromagnetischen Störfeldern) nicht selten. Wichtig ist, daß diese Interferenzen normalerweise sehr kurz sind.

Es gibt keinen Grund, die falsche Datenübermittlung besonders ernst zu nehmen.

5. Wenn Sie nicht wissen, ob das Problem an Interferenzen liegt oder an den Batterien im Sender bzw. Empfänger, nehmen Sie folgenden kurzen Test vor: Wenn Sie Ihren Arm dicht an den Sender führen und die Störung verschwindet, oder wenn Sie Ihren Arm mit dem Handgelenksempfänger weg von Ihrer Brust bewegen und das Signal schlechter wird, können Ihre Schwierigkeiten nur in den Batterien und nicht mit Störungen begründet sein.

Training mit einem Herzfrequenzmeßgerät macht Spaß.

Häufig gestellte Fragen

Frage: Ich habe mein Herzfrequenzmeßgerät jetzt schon so lange getragen, daß ich meine Herzfrequenz wirklich kenne, warum sollte ich es also weiterhin tragen?

Antwort: Es kann durchaus sein, daß Ihre Fähigkeit der subjektiven Belastungswahrnehmung hochentwickelt ist, aber Wahrnehmung und Wirklichkeit klaffen oft erheblich auseinander. Können Sie Ihren Grad des Unter- und Übertrainings wahrnehmen und sich entsprechend einstellen? Können Sie die kombinierten Auswirkungen von Koffein, Feuchtigkeit, Flüssigkeitskonzentrationen, Höhenänderungen, Schlaf und emotionalem Streß wahrnehmen? Wahrscheinlich nicht; es ist also zu empfehlen, daß Sie Ihr Herzfrequenzmeßgerät weiterhin tragen.

Frage: Ich benutze mein Herzfrequenzmeßgerät nur, um meine Herzfrequenz zu messen, was kann ich sonst noch mit ihm tun?

Antwort: Das Herzfrequenzmeßgerät ist kein Geschwindigkeitsmesser. Es ist kein Werkzeug, um Ihren Motor auf Touren zu bringen oder bis zum Punkt der maximalen Erschöpfung zu trainieren. Es ist vielmehr ein hocheffektives Mittel, um Ihr gesamtes Trainingsprogramm zu messen, zu kontrollieren und zu steuern. Der höhere Sinn des Herzfrequenzmeßgerätes ist seine systematische Verwendung als Planungswerkzeug zum Entwerfen von Trainingsprogrammen, die genau auf Ihre persönlichen Bedürfnisse abgestimmt sind. Lernen Sie, das Herzfrequenzmeßgerät als Ihren Trainer zu verwenden. Legen Sie die Trainingsbereichsgrenzen fest, und wenn Sie den Alarmton hören, denken Sie sich: "Das ist mein Trainer, der mir sagt, daß ich langsamer (oder schneller) laufen soll."

Frage: Gestern lag meine maximale Herzfrequenz während des Trainings bei 187, und auch heute war sie 187; bin ich übertrainiert?

Antwort: Nein, aber Sie entwickeln gerade eine Art von "Herzfrequenzmeßgerät-Neurose". Dies ist ein Zustand, der auftritt, wenn Sie sich auf einzelne Herzfrequenzwerte konzentrieren statt auf ganze Frequenzbereiche. Ihre Herzfrequenzdaten unterliegen täglichen Schwankungen und wiederholen sich auch. Sie müssen sich daher darauf konzentrieren, in Ihren Zonen zu trainieren und auf die Spannbreite der übermittelten Daten zu achten, nicht auf einen einzigen Wert.

Frage: Ich trage mein Herzfrequenzmeßgerät ständig, und ich will wissen, ob man süchtig danach werden kann.

Antwort: Wenn Sie einmal Ihr Herzfrequenzmeßgerät vergessen haben und aus diesem Grund auf das Training verzichten, stimmt sicherlich etwas nicht. Wenn Sie es andererseits jedoch nicht schaffen, Ihr Herzfrequenzmeßgerät so häufig zu tragen, daß Sie einen Nutzen aus ihm ziehen, leiden Sie an Disziplinmangel. Zwischen diesen beiden Extremen gibt es einen Mittelweg, den Sie anstreben sollten.

Frage: Warum mißt mein Herzfrequenzmeßgerät immer so hohe Herzfrequenzwerte?

Antwort: Personen gleichen Alters können sich hinsichtlich ihrer Herzfrequenzen erheblich voneinander unterscheiden, manchmal um 40 Schläge pro Minute. Meine Ruheherzfrequenz beträgt z.B. 55 Schläge/min, und ich kenne andere, deren Wert bei 90 Schlägen/min liegt. Herzfrequenzmeßgerät-Verkäufer haben aber festgestellt, daß Männer ihr Herzfrequenzmeßgerät häufig reklamieren, weil sie glauben, es würde zu hohe Herzfrequenzwerte übermitteln, während Frauen ihr Gerät zurückgeben mit dem Argument, daß sie es nicht schaffen, ihre Herzfrequenz hoch genug zu bringen. Das ist der Unterschied zwischen wahrgenommener und tatsächlicher Belastung.

Frage: Ist das Herzfrequenzmeßgerät eine geheime Waffe, die ich einsetzen kann, um meine Gegner zu schlagen?

Antwort: Jeder Sportler sucht nach einem Geheimnis. Das Herzfrequenzmeßgerät ist weder ein Geheimnis noch eine Waffe, sondern es ist ein sehr hilfreiches Werkzeug, das Sie verwenden können, um Ihre Fitneß und Ihre Leistung zu steigern.

Frage: Wie errechne ich die Herzfrequenzen?

Antwort: Lesen Sie die nächsten Kapitel.

Glossar fitneßbezogener Begriffe

Egal, in welcher Arbeits- oder Sportwelt Sie sich befinden, diese Welt besitzt fast immer eine eigene Sprache. Die folgende Liste enthält Begriffe, die häufig in der Sprache der Fitneß und in diesem Buch verwendet werden.

Aerob: Ein Training, das so locker ist, daß Sie nicht außer Atem kommen; die Belastung ist nur so hoch, daß Ihre Muskeln stets mit Sauerstoff versorgt werden.

Anaerob: Der entgegengesetzte Zustand von aerob; die Belastungseinheit ist so anstrengend, daß die Muskeln über ihre normale Kapazität hinaus belastet werden und nicht ausreichend mit Sauerstoff versorgt werden.

Basis: Ein Trainingsbegriff, der das Fitneßniveau bezeichnet, das nötig ist, um sich über längere Zeit ohne Ermüdung zu belasten.

Cross-Training: Training in mehr als einer Sportart gleichzeitig. Cross-Training verbessert die allgemeine Fitneß schneller als das Training in nur einer Sportart und bedeutet auch mehr Abwechslung und Stimulation. Es ist auch bekannt als "Multi-Sport-Training".

Ergogene Hilfen: Jede Substanz oder jedes technische Mittel, wie z.B. ein Herzfrequenzmeßgerät, das möglicherweise die sportliche Leistung verbessern kann.

Fitneß-Schwelle: Das quantitative Maß, normalerweise ein Minimum von drei Trainingseinheiten pro Woche von je 30 Minuten Dauer, das Sie überschreiten müssen, um signifikante, trainingsbedingte positive Auswirkungen auf Ihr muskuläres und kardiorespiratorisches System zu erreichen.

LSD: Eine Trainingsmethode, bei der lange Strecken in langsamem Tempo zurückgelegt werden (long slow distance).

Widerstandsarbeit: Training gegen einen Widerstand - einen Hügel, den Wind, Sand oder Zusatzgewichte - mit dem Ziel, eine Muskelgruppe kurzfristig zu überlasten und zu kräftigen.

Zeitkontrollauf: Ein simuliertes Rennen über eine bekannte Distanz mit vollem Einsatz, das normalerweise alleine absolviert wird, mit Messung der Zeit.

Trainingseffekt: Der Begriff für die Vielfalt von körperlichen und mentalen Veränderungen, die eintreten, wenn man sich an die Trainingsbelastungen anpaßt.

Zusätzliches Glossar von Herzfrequenzbegriffen

Manchmal kann Information zum Training wirklich kompliziert werden. Um zu verhindern, daß jemand sich in den nächsten Kapiteln verloren vorkommt, wollen wir die unterschiedlichen Herzfrequenz-Arten im voraus vorstellen. Sie brauchen die folgenden Begriffe nicht unbedingt im Gedächtnis zu behalten; sie werden hier nur aufgeführt, damit Sie sich mit ihnen vertraut machen und nötigenfalls auf sie zurückgreifen können.

Ruheherzfrequenz (RHF): Dies ist die Anzahl der Schläge in einer Minute, wenn Sie sich in völliger, ununterbrochener Ruhe befinden. Die RHF wird normalerweise frühmorgens beim Aufstehen gemessen, bevor Sie Ihren Kopf aus dem Kissen heben.

Maximale Herzfrequenz (MHF): Die MHF ist die höchste Anzahl von Kontraktionen, die Ihr Herz in einer Minute ausführen kann. Sie kann gemessen werden, indem Sie einen Belastungstest absolvieren oder indem Sie bei Ausüben Ihrer speziellen Sportaktivität ein Herzfrequenzmeßgerät verwenden.

Sicherheits-Herzfrequenz (SHF): Dies ist die Herzfrequenz, die Sportanfängern empfohlen wird - egal ob Geher, Läufer, Schwimmer, Radfahrer oder Teilnehmer in jeder anderen aeroben Aktivität. Es ist auch der Begriff, der bei einigen Koronar-Rehabilitationsprogrammen verwendet wird, in denen Ärzte Herzinfarktpatienten aus Gründen der Erholung und des Wiederaufbaus der Leistungsfähigkeit ein mäßig intensives, kontrolliertes Training verschreiben. Dieser Frequenzbereich entspricht normalerweise 60% (oder weniger) der MHF und stellt die geringste Belastung für Ihr Herz dar, mit der Sie eine positive Trainingswirkung erzielen.

Karvonen-Trainings-Herzfrequenz (THF): Die Herzfrequenz, die vom American College of Sports Medicine empfohlen wird, das Ruheherzfrequenzen in der Formel zur Bestimmung der Trainingsbereiche verwendet.

Herzfrequenz-Reserve (HFR): Die Gesamtanzahl der Schläge (der spezifische Herzfrequenzbereich), die den Unterschied zwischen Ihrer Ruheherzfrequenz und Ihrer maximalen Herzfrequenz ausmacht.

MHFR ist die maximale Herzfrequenzreserve und wird manchmal die “Arbeitsherzfrequenz” genannt.

Erholungs-Herzfrequenz (EHF): Damit ist die HF nach einer Belastung gemeint: es wird der Rückgang der Herzfrequenz bestimmt. Die Gesamt-Erholungs-Herzfrequenz ist die HF zwischen Belastungsende und der Zeit, die Ihr Herz braucht, um wieder seine normale Schlagfrequenz zu erreichen. Die EHF wird meist nach zwei Minuten gemessen.

VO_{2max}-Herzfrequenz (VO_{2max}-HF): Dies ist die Herzfrequenz, bei der Sie die Belastung erreichen, die Ihrer maximalen Sauerstoffaufnahmefähigkeit entspricht. Im allgemeinen erreichen Sie Ihre VO_{2max}-HF bei 95% Ihrer MHF.

Herzfrequenz im Bereich der anaeroben Schwelle (AS-HF): Dies ist die Herzfrequenz, bei der Sie den physiologischen Punkt erreichen, an dem Sie mehr Laktat produzieren, als Sie wieder abbauen können.

Belastungs-Herzfrequenz (BHF): Die Herzfrequenz, bei der optimale Trainingswirkungen erreicht werden: Ihre Zielherzfrequenz.

Pflege Ihres Herzfrequenzmeßgerätes

Sie müssen Ihr Herzfrequenzmeßgerät pflegen, um seine optimale, reibungslose Funktion zu gewährleisten. Wenn Sie die folgenden Empfehlungen befolgen, werden Sie viel Freude an Ihrem Gerät haben.

1. Stellen Sie anhand Ihrer Gebrauchsanweisung fest, ob Ihr Herzfrequenzmeßgerät wasserdicht ist; nicht alle Herzfrequenzmeßgeräte sind wasserdicht. Wenn auch Ihr Gerät nicht wasserdicht ist, müssen Sie es vor Nässe schützen.

2. Auch wenn Ihr Herzfrequenzmeßgerät wasserdicht ist, sollten Sie die Bedienungsknöpfe nicht unter Wasser betätigen.

3. Halten Sie alle Komponenten Ihres Herzfrequenzmeßgerätes sauber, und wischen Sie jede Feuchtigkeit ab, bevor Sie das Gerät weglegen. Lagern Sie Ihr Herzfrequenzmeßgerät nie in einem geschlossenen, luftdichten Behälter, wie z.B. einer Plastiktüte oder einer feuchten Sporttasche, in der sich Feuchtigkeit bzw. feuchte Luft halten können. Bewahren Sie das Gerät am besten stets in der Originalverpackung an einem warmen, trockenen Ort auf und nicht in unmittelbarer Nähe eines elektrischen Gerätes, wie z.B. Fernseher, Video, Mikrowelle.

4. Wenn Ihr Herzfrequenzmeßgerät nicht wasserdicht ist und Sie stark schwitzen, sollten Sie unter dem Empfänger oder an Ihrem Unterarm kurz vor dem Empfänger ein Schweißband tragen.

5. Halten Sie den elastischen Brustgurt sauber, indem Sie ihn mit einer milden Seife und Wasserlösung abwaschen. Im Laufe der Zeit verschleißt der Sendergurt (POLAR ca. 2000 Betriebsstunden), und das führt zu Störungen und Versagen. Ersatzgurte sind beim Hersteller erhältlich.

6. Die Batterien dürfen nur vom Hersteller ausgetauscht werden, denn die Gummidichtungen, die die Wasserundurchlässigkeit garantieren, müssen zu diesem Zeitpunkt ebenfalls ausgetauscht werden. Anschließend muß das Gerät wieder auf seine Wasserdichtheit getestet werden.

Kapitel 3

Begegnung mit dem Herz

Das Wort "Herz" bedeutet eine ganze Menge: Mut, Liebe, Sorge, Leidenschaft - große Begriffe für einen Muskel von der Größe Ihrer Faust. Aber wie Sie bald sehen werden, ist Ihr Herz das vermutlich vitalste, dynamischste und kräftigste Organ Ihres Körpers.

In vielerlei Hinsicht arbeitet das Herz genau wie jeder andere Muskel, denn es hat eine spezifische Aufgabe. Charakteristisch für das Herz ist eine sich ständig wiederholende Aktion, die es tagein tagaus fehlerfrei leistet. Es sind diese Beständigkeit und die Fähigkeit, sich an unsere physiologischen Schwankungen anzupassen, die das Herz so bemerkenswert machen, vorausgesetzt, es ist fit und gesund. Es ist jedoch für das Herz, genauso wie für jeden anderen Muskel, möglich, bei fehlender Belastung schwächer zu werden und zu atrophieren (d.h. kleiner zu werden), und hierbei handelt es sich um ein sehr ernsthaftes Problem von wahrhaft epidemischem Ausmaß.

Nach Jahren der Information und Forschung sind Herzerkrankungen noch immer der Killer Nr. 1, denn die American Heart Association hat schon seit langem Rauchen, Bluthochdruck und eine hohe Cholesterinkonzentration als ihre wichtigsten Ursachen identifiziert. Mittlerweile hat man jedoch noch eine weitere Ursache gefunden. Im Juli 1992 vertrat die American Heart Association den bislang stärksten Standpunkt gegen die Herzatrophie, als sie den Bewegungsmangel der kurzen Liste der wichtigsten Risikofaktoren für Herzerkrankungen hinzufügte. Die Konsequenzen dieser Handlung dürften klar sein, aber ich will sie dennoch ausführen.

Inaktivität führt genauso schnell zum Verfall Ihres Herzens wie Rauchen, Bluthochdruck und eine hohe Cholesterinkonzentration. Lassen Sie es daher nicht zu Inaktivität kommen.

Die gute Nachricht lautet: Es gibt absolut keinen Grund, der Herzatrophie nachzugeben. Ihr Herz kann den gleichen Prinzipien entsprechend entwickelt und trainiert werden wie jeder andere Muskel. Die

Muskelentwicklung, das Gegenteil von Atrophie, wird "Hypertrophie" genannt.

Die durchschnittliche Größe des Herzens (oder das durchschnittliche Herzvolumen) eines untrainierten Menschen beträgt 600 ml. Ihre Herzgröße wird sich direkt proportional zum Umfang des von Ihnen absolvierten aeroben Trainings entwickeln. Diese Zunahme der Herzgröße kann bei einigen Ausdauerathleten bis zu 50% betragen. Die Herzvergrößerung (Hypertrophie) führt zum sogenannten Sportherz und tritt unabhängig vom Lebensalter bei entsprechendem Training auf. Sie ist der Reaktion jedes anderen Muskels auf eine gesteigerte Arbeitsbelastung vergleichbar. Dadurch erhalten Sie ein genaues Feedback hinsichtlich des Fortschritts Ihres Herztrainings. Herzfrequenz-Meßgeräte stellen nun sozusagen ein Fenster zu Ihrem Herzen dar.

Die Biomechanik des Herzens

Ihr Herz ist eine Pumpe. Wenn es sich zusammenzieht, pumpt das Herz auf der einen Seite Blut zur Lunge und auf der anderen Seite zum Rumpf und zu den unteren Extremitäten. Das Herz sitzt hinter Ihrem Brustbein, nicht ganz so weit links oben, wie uns in der Schule beigebracht wurde, sondern fast in der Mitte der Brust.

Das durchschnittlich große Herz wiegt etwa 450 g, vermag aber trotzdem Blut mit unglaublicher Kraft zu pumpen. Wenn man die Kraft der 40 Millionen Herzschläge pro Jahr addiert, entspricht diese Gesamtkraft der Kraft, die notwendig wäre, um Sie 160 km über die Erde empor zu heben. Selbst das Herz eines Untrainierten leistet hinsichtlich Volumen und Druck mehr als ein voll aufgedrehter Küchenwasserhahn. Das klingt unglaublich, ist aber wahr. Ihr Herz ist zwar ein ganz normaler "Ausrüstungsgegenstand" des menschlichen Organismus, aber dennoch ein technisches Wunderwerk.

Wir haben das Herz als eine Pumpe dargestellt, tatsächlich handelt es sich jedoch um zwei Pumpen, von denen jede zwei Kammern besitzt, die durch Ventile miteinander verbunden sind. Der rechte Teil des Herzens nimmt das Blut in einer Kammer auf, dem sogenannten rechten Vorhof. Der rechte Vorhof füllt sich mit kohlendioxidreichem Blut, das aus den unterschiedlichen Teilen des Körpers stammt, dann pumpt es dieses Blut aus einer zweiten Kammer, dem rechten Ventrikel, zur Lunge. Während das Blut durch die Lungen fließt, setzt es das gespeicherte Kohlendioxid frei und nimmt den atmosphärischen Sauerstoff auf.

Die linke Seite des Herzens nimmt dieses mit Sauerstoff angereicherte Blut in einer dritten Kammer, dem linken Vorhof, auf. Die vierte Herzkammer, der linke Ventrikel, pumpt dann das sauerstoffreiche Blut aus dem Herz hinaus in die Aorta und schließlich in eine Vielzahl von Arterien. Die folgende Abbildung zeigt die vier Herzkammern und wie das Blut durch die vier Ventile des Herzens zirkuliert.

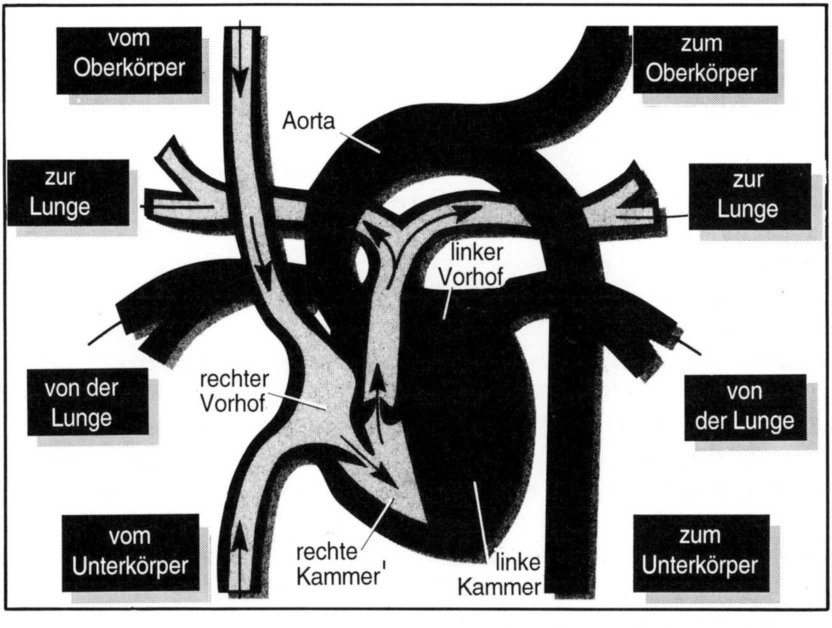

Das Arbeitsdiagramm des Herzens

Die Kontraktionen des Herzmuskels werden Herzschläge genannt und im allgemeinen in Schlägen pro Minute gemessen (Schläge/min). Wenn das Herz nicht kontrahiert und damit in Ruhe ist, ist das Blut in der Lage, in die Kammern zu fließen und diese auszufüllen. Unmittelbar vor der Kontraktion schließen oder öffnen sich die Ventile, die die verschiedenen Herzkammern voneinander trennen, um die richtige Reihenfolge des Blutdurchlaufs zu gewährleisten.

Wenn sich der Herzmuskel kontrahiert und das Blut aus dem Herzen ausströmt, geschieht dies mit einem gewissen Druck. Wenn der Herzmuskel sich in Ruhe befindet, nimmt der Druck in den Gefäßen ab. Die zwei unterschiedlichen Drucke, der hohe Druck im Moment der Kontraktion (systolischer Druck) und der niedrige Druck in den Ruhephasen (diastolischer Druck) sind die beiden Werte, die beim Messen Ihres Blutdrucks angegeben werden. Nehmen wir einmal an, Ihr Blutdruck sei 120 zu 80 (120/80), so repräsentiert die hohe Zahl 120 den Blutdruck unmittelbar nach der Kontraktion des Herzmuskels, wenn das Blut mit dem höchsten Druck fließt, die niedrige Zahl 80 steht für den Blutdruck im Moment der Ruhephase des Herzens, wenn sich die Kammern mit Blut füllen.

Ihre Herzfrequenz wird nun wie Ihr Blutdruck im allgemeinen unbewußt kontrolliert. Die normalen Herzfrequenzen reichen von 60 bis 80 Schlägen/min. Bei hochtrainierten Sportlern jedoch finden sich häufig Herzfrequenzen von etwas über 30 Schlägen/min, und wenn sich dieselben Sportler maximal belasten, weisen sie nicht selten Herzfrequenzen von 210 bis 250 Schlägen/min auf.

Alleingelassen reguliert Ihr Herz seine Frequenz automatisch, aber es gibt eine ganze Anzahl von Faktoren, die die Frequenz Ihrer Herzkontraktionen ändern können. So gibt es zusätzlich zu den im Kreislauf befindlichen chemischen Substanzen (die weiter unten genauer behandelt werden), die Ihre Herzfrequenz senken oder steigern können, auch noch Nerven, die direkt vom Gehirn zum Herzen führen und ebenfalls eine Änderung der Herzfrequenz signalisieren können.

Denken Sie z.B. an streßintensive Augenblicke: ein unangenehmes Erlebnis am Arbeitsplatz, das letzte Mal, als Sie eine Einbahnstraße in verkehrter Richtung entlangfuhren, oder als Sie aus einem Restaurant gegangen sind und vergessen hatten zu bezahlen. Das sind keine angenehmen Gedanken (oder Erfahrungen); sie beschleunigen Ihren Herzschlag.

Nun gut, Sie brauchen nicht allzu intensiv über derartige Erlebnisse nachzudenken. Atmen Sie jetzt einen Augenblick lang tief durch, entspannen Sie sich, und denken Sie an etwas Angenehmes. (Ich gebe

Ihnen hier keine Anstöße, Sie müssen selber nachdenken; es ist eine gute Übung!) Schon bald, ob es Ihnen nun bewußt ist oder nicht, werden Sie Ihre Herzfrequenz gesenkt und eine wichtige Lektion gelernt haben: Ihre Herzfrequenz ist in gewissem Ausmaß kontrollierbar.

Die Frequenz der Kontraktionen Ihres Herzmuskels wird durch einen natürlichen Schrittmacher gesteuert. Dieser Schrittmacher sitzt im oberen, rechten Vorhof Ihres Herzens. Bei diesem Schrittmacher handelt es sich um ein Bündel spezialisierten Muskelgewebes, das steuernde Botschaften von Ihrem Gehirn erhält. Wenn Ihre Zellen mehr Brennstoff oder mehr Sauerstoff benötigen, beschleunigt das Gehirn automatisch die Pumpe und steigert die Durchblutung.

Die komplette Herzschlag-Sequenz ist einem musikalischen Rhythmus nicht unähnlich. Der Rhythmus besteht aus einer Sequenz elektrischer Aktivitäten, die in einem bestimmten Muster erfolgen. Diese Muster werden ihrerseits in elektrische Wellen verwandelt. Diese Sequenz von Aktivitäten beginnt mit dem Öffnen und Schließen der Ventile, setzt sich mit der Kontraktion des Herzmuskels fort und hört während der Entspannungsphase oder Pause nach der Kontraktion auf. Während der gesamten Kontraktionsphase wird Blut aus dem Herz gepumpt. Während der Entspannungsphase innerhalb dieser rhythmischen Aktivität, also zwischen den Schlägen, ist ausreichend Zeit für die Wiederauffüllung der Kammern mit Blut.

Dieser Herzrhythmus kann in Gestalt eines Elektrokardiogramms auf Papier aufgezeichnet werden. Die Höhe (Amplitude) der Elektrokardiogramm-Werte und das Timing der Aktionen können variieren, aber der Grundrhythmus sieht wie folgt aus:

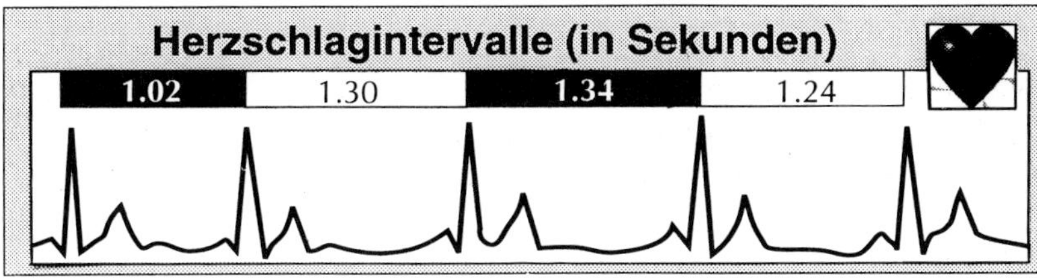

Der Herzrhythmus wird mittels eines Elektrokardiogramms (= EKG) aufgezeichnet. Bei einem Elektrokardiogramm werden zwei oder mehr Elektroden an der Brust befestigt. Diese Elektroden sind mit einem Sender verbunden und messen die Übertragung der elektrischen Aktivität durch den Herzmuskel.

Kardiologen und Leistungsphysiologen verwenden das EKG, um die Herzfrequenz objektiv zu messen. Das EKG liefert eine schriftliche Version der Reihenfolge der elektrischen Aktivitäten des Herzens während des Herzzyklus. EKGs werden verwendet, um funktionelle Herzstörungen, wie z.B. Rhythmusschwankungen, Probleme mit der Leitung der Elektrizität, Schwankungen der Sauerstoffversorgung des Herzmuskels oder andere Symptome eines Gewebeschadens zu diagnostizieren.

Der Unterschied zwischen einem Elektrokardiogramm und einem Herzfrequenzmeßgerät ist ganz einfach: Ein Elektrokardiogramm entwirft ein Bild des kompletten Herzrhythmus, während das Herzfrequenzmeßgerät nur einen Teil des Herzrhythmus mißt, nämlich die Anzahl Ihrer Herzschläge in einer Minute. Stellen Sie sich das Herzfrequenzmeßgerät als ein Metronom vor und das Elektrokardiogramm als das Notenblatt, das Ihr Herz schreibt.

Die Herzfrequenzen unterscheiden sich von Person zu Person erheblich. Ruheherzfrequenzen können sich bei Personen der gleichen Größe, des gleichen Gewichts und desselben Alters um 50 bis 60 Schläge unterscheiden. Auch zwischen den Geschlechtern bestehen große Unterschiede, wobei die Herzfrequenz von Frauen fünf bis sieben Schläge pro Minute höher liegt als die von Männern, was auf die proportional geringere Herzgröße der Frauen zurückzuführen ist.

Trainierte Menschen weisen niedrigere Herzfrequenzen auf. Bei einigen liegt die Ruheherzfrequenz unter 40 Schlägen pro Minute (es handelt sich hier um eine “Bradykardie” oder eine niedrige Herzfrequenz). Untrainierte Menschen haben manchmal eine Ruheherzfrequenz von über 100 Schlägen pro Minute.

Ihre Herzfrequenz ist ein echtes Maß für die Effizienz Ihres ganzen Körpers. Sie ist ein Anzeichen für die Blutmenge, die Ihr Herz pumpt, und je höher die Herzfrequenz ist, desto mehr Energie wird benötigt, um das Blut zu pumpen. Ein Herz mit einer niedrigeren Frequenz benötigt weniger Energie, um die gleiche Menge Blut zu pumpen.

Das Herz ist ein "Arbeite-jetzt-bezahle-jetzt"-Muskel. Insofern unterscheidet sich das Herz von den Skelettmuskeln, die "Arbeite-jetzt-bezahle-später"-Muskeln sind. Das bedeutet, daß das Herz auf eine kontinuierliche Energiebereitstellung für die "metabolische Wiederauffüllung" angewiesen ist. Für eine begrenzte Dauer sind die Skelettmuskeln in der Lage zu kontrahieren, ohne daß ihre unmittelbaren Energieansprüche erfüllt werden.

Das Herzminutenvolumen basiert auf der Zahl der Herzschläge pro Minute (HF) und darauf, wieviel Blut gepumpt wird (Schlagvolumen oder SV). Die Formel zur Errechnung des Herzminutenvolumens ist daher sehr einfach: Herzminutenvolumen = HF x SV.

Wenn das Herz schwach ist, was zu einer Reduktion des Schlagvolumens führt, wird es das gleiche Blutvolumen beibehalten, indem es schneller schlägt. Wenn Sie entweder die HF oder das SV ändern, wird der jeweils andere Faktor sich entsprechend anpassen, um das Herzminutenvolumen beständig zu halten. Dies trifft zu, egal, ob Sie sich belasten oder in Ruhe sind. Während das Herzminutenvolumen mit zunehmender Belastung ansteigt, bleiben die HF und das SV in enger Verbindung miteinander, wobei sich bei Veränderung des einen Faktors auch der andere ändert.

Ein entscheidender Indikator der Effizienz Ihres Herzens ist Ihre Herzfrequenzreserve (HFR). Ihre Herzfrequenzreserve ist einfach der Unterschied zwischen Ihrer maximalen Herzfrequenz (MHF) und Ihrer Ruheherzfrequenz (RHF). Diese Begriffe werden weiter unten detaillierter erläutert, aber im Moment sollten Sie verstehen, daß Ihre HFR einfach der Unterschied zwischen Ihrer maximalen und minimalen Herzarbeit ist. Wenn Sie Ihre Herzfrequenzreserve ausweiten können, reduziert sich dadurch die Gefahr, daß der Sauerstoffbedarf Ihres Körpers die Versorgung übersteigt.

Die niedrige RHF, die eine Konsequenz körperlichen Trainings ist, ermöglicht auch ein längeres Ruheintervall zwischen den einzelnen Herzschlägen. Das bedeutet, daß die Herzventrikel oder -kammern mehr Zeit haben, sich mit Blut zu füllen. Je mehr Blut die Ventrikel füllt, desto mehr werden sie gedehnt. Dies bedeutet eine stärkere Kontraktion und einen größeren Blutausstoß.

Aerobes Training jeder beliebigen Art führt zu einer Stärkung des kardiovaskulären Systems, das dadurch an Effizienz gewinnt. Ein sogleich zu beobachtendes Ergebnis eines derartigen Konditionstrainings ist eine niedrigere RHF. Aber diese Herzanpassung ist reversibel - wenn Sie Ihren Konditionszustand verlieren, steigt Ihre RHF typischerweise wieder an.

Wie oben erläutert, kann die Herzfrequenz nicht nur durch Training, sondern auch durch andere Faktoren, wie z.B. Ihren emotionalen Zustand, beeinflußt werden. Auf ähnliche Weise können Sie Ihre Herzfrequenz in Antizipation einer sportlichen Aktivität oder eines Wettkampfs bewußt steigern. Dieses Phänomen wird "antizipatorische Herzfrequenzsteigerung" genannt und ist ein Ergebnis der Hilferufe des Hormon- und Nervensystems. Der Körper reagiert biochemisch durch Freisetzung von Adrenalin und Noradrenalin aus der Nebennierenrinde. Es handelt sich hierbei um biochemische Schlüsselsubstanzen, die zu einem Anstieg der Herzfrequenz führen. In einem Experiment wurde die Herzfrequenz von Sportlern an der Startlinie eines 60-m-Sprints gemessen. Unmittelbar vor dem Startschuß, ohne überhaupt nur einen Laufschritt ausgeführt zu haben, hatte sich ihre Herzfrequenz bereits um über 150 % gesteigert.

Die Herzfrequenzreaktion auf intensive körperliche Belastung tritt fast sofort auf. Je höher die Intensität der Belastung ist, desto höher ist die Herzfrequenz. Selbst innerhalb von 30 Sekunden nach dem Start eines Rennens über ein oder zwei Meilen, also vor Nicht-Sprintdisziplinen, werden bei trainierten Sportlern häufig Herzfrequenzen von 180 Schlägen/min gemessen. Nach diesem schnellen Anstieg der Herzfrequenz verlaufen weitere Anstiege allmählicher, wobei während des Laufes mehrere Plateaus erreicht werden. Diese intensive Reaktion ist in den meisten Sportarten häufig zu beobachten. Eine Ausnahme stellt lediglich das Schwimmen dar. Die maximalen Herzfrequenzen von Schwimmern sind in der Regel 10 bis 13 Schläge/min niedriger als die anderer Sportler. Dies liegt hauptsächlich daran, daß Schwimmer sich während der Belastung in horizontaler Lage befinden und die Rumpfmuskulatur einsetzen (Rumpfmuskeln sind etwas kleiner als die Muskelgruppen der unteren Extremitäten, die bei den meisten anderen Sportarten eingesetzt werden).

Es ist auch möglich, die Ruheherzfrequenz und die submaximalen Belastungsherzfrequenzen bewußt zu kontrollieren, aber diese Methoden verlangen ein mentales Training.

Eine Methode der Kontrolle des antizipatorischen Herzfrequenzanstiegs und der Belastungsherzfrequenz ist der Einsatz eines Herzfrequenzmeßgerätes im Training und Wettkampf. In einer Trainingseinheit können Sie Ihre Herzfrequenz "herunterdenken", indem Sie Ihr Handgelenksdisplay beobachten und sich bewußt auf eine tiefe und volle Atmung konzentrieren. Sie werden angesichts Ihrer neuentdeckten Fähigkeit, einen Muskel zu kontrollieren, der so lange Jahre als Autopilot funktioniert hat, überrascht sein.

Zählen Sie nicht Ihre Herzschläge

Die herkömmliche Methode, die Herzfrequenz im Training zu bestimmen, war, hin und wieder anzuhalten, die Herzschläge sechs, zehn oder 15 Sekunden lang zu zählen und diesen Wert dann zu multiplizieren, um die Herzfrequenz zu ermitteln. Dies ist die sogenannte Palpationsmethode des Zählens der Herzschläge, weil Sie Ihre Finger nehmen und sie auf eine Arterie an Ihrem Handgelenk oder Hals legen.

Vor der Ära der Herzfrequenzmeßgeräte war diese Methode mangels einer Alternative sinnvoll. Die Fehler dieser Methode waren allerdings enorm. Der erste Irrtum liegt in der Genauigkeit des Zählens der Herzschläge, wenn Sie heftig atmen, erschöpft sind und eigentlich eher Sauerstoff als Rechenaufgaben benötigen. Der Erwerb dieser Technik ist auch lernabhängig; daher zählen Anfänger oft falsch, was sich in der Multiplikation zu einem großen Fehler auswirken kann.

Der zweite Irrtum hat mit Mathematik zu tun - es ist schwierig zu multiplizieren oder eine Tabelle zu lesen, wenn man ermüdet ist. Auch wenn Tabellen das Rechnen erleichtern, muß man sie dennoch überfliegen und die Zahl suchen, was ein kleines Problem sein kann, wenn man sich nicht bereits in der Nähe der betreffenden Zahl befindet. Dann müssen Sie die Zahl, die Ihnen die Tabelle anbietet, im Gedächtnis behalten, so daß Sie sie mit den unterschiedlichen Trainingsbereichen vergleichen. Das bedeutet nochmals Rechenarbeit sowie das Behalten Ihrer Ziel-Herzfrequenzen.

Der dritte Irrtum entspringt der Tatsache, daß Sie Ihre Herzfrequenz in einer Erholungsphase messen. Ihre Herzfrequenz sinkt jedoch besonders in den ersten Minuten nach der Belastung schnell, und Sie erhalten daher nicht die Information, die Sie haben wollen, nämlich Ihre Belastungsherzfrequenz. So fordern Aerobic-Lehrer Sie häufig auf, in der Bewegung innezuhalten, dann gehen sie zur Stereoanlage, stellen die Musik leiser, fordern Sie auf, sich bereit zu halten, und schließlich beginnen Sie zu zählen. Im Verlaufe dieser Zeitspanne kann Ihre Herzfrequenz bereits um 10 bis 20 Schläge/min gefallen sein, was Ihnen suggeriert, Sie würden sich nicht hart genug belasten, weil Ihre Herzfrequenz so niedrig ist. Dies ist jedoch tatsächlich nicht der Fall.

Eine Untersuchung von Doktor James Rippe von der medizinischen Fakultät der Universität von Massachusetts zeigt, daß 60 % der Teilnehmer an Aerobic-Kursen nicht imstande waren, ihre Herzfrequenzen durch Palpation genau zu messen. Der durchschnittliche Fehler lag bei 17 Schlägen pro Minute unter dem eigentlichen Wert. Das bedeutet, daß die Mehrheit der Trainierenden ihre tatsächlichen Trainingsherzfrequenzen unterschätzten. Aufgrund ihrer Methode der Herzfrequenzmessung glaubten sie, sie würden nicht hart genug trainieren, obwohl sie sich in Wirklichkeit im optimalen Bereich bewegten. Rippe zeigte in seiner Untersuchung ebenfalls, daß mit Zunahme der Intensität der Aerobic-Belastung der Fehler zwischen der manuellen Herzfrequenzmessung und der Messung mit einem Herzfrequenzmeßgerät genauso schlecht blieb. Es ist daher wirklich besser, seine Herzfrequenz gar nicht erst manuell zu messen.

Kapitel 4

Die Verbindung zwischen Geist und Körper

Wenn sich jemand zum ersten Mal einen Sendergurt und ein Handgelenksdisplay umschnallt, passiert normalerweise folgendes: Der Betroffene schaut auf seine Herzfrequenz und sagt: "Oh, die ist etwas zu hoch. Ich sollte mich bemühen, sie zu senken." Gewiß wird er sich dann um bewußte Entspannung bemühen, tief durchatmen und folglich seine Herzfrequenz senken. Eine Verbindung zwischen Geist und Körper herzustellen, kann sehr einfach sein, wenn man ein verläßliches Biofeedback-Gerät besitzt.

Herzfrequenz-Meßgeräte sind hervorragende Biofeedback-Kontroll-Instrumente, weil sie die Reaktionen Ihres Herzens auf verschiedene psychologische Variablen, wie z. B. Streß, Stimmungen, Vorstellungen, Gefühle, Gedanken, Einstellungen usw. verläßlich wiedergeben. Indem Sie auf Ihr Herzfrequenz-Meßgerät blicken und sich auf Ihre Reaktion, die in Herzschlägen pro Minute gemesssen wird, konzentrieren, können Sie sehr viel über die Auswirkungen bestimmter mentaler und körperlicher Zustände lernen.

Sportpsychologen ist seit langem bekannt, daß der Geist den Körper sowohl bewußt kontrolliert als auch unbewußt beeinflußt, und sie haben unzählige Konzepte, Theorien und Philosophien entwickelt, um die mentalen Kräfte von Sportlern freizusetzen und dadurch deren Leistungsfähigkeit zu steigern. Einige dieser Techniken sind Ihnen vielleicht schon vertraut, wie z.B. die Visualisierung, das positive Selbstgespräch und andere Maßnahmen zur Steuerung emotionaler Zustände. Dennoch gibt es relativ wenig Methoden, Geist und Körper interaktiv zu verbinden und das Feedback zu liefern, das für die Funktion dieser Geist/Körper-Techniken so wichtig ist. Glücklicherweise sind Herzfrequenzmeßgeräte hervorragend geeignet, den Geist mit einem konstanten Feedback des besten Barometers des Körpers, dem Herz, zu versorgen. Genau das ist es, was Herzfrequenzmeßgeräte zu so wichtigen Trainingsgeräten macht, und genau aus diesem Grund verändern Herzfrequenzmeßgeräte die Art und Weise, wie Menschen trainieren und denken.

Nehmen wir z.B. einen Schützen. Um erfolgreich zu sein, müssen diese Sportler fast jeden Aspekt ihres Geistes und Körpers mental auf einen Punkt ausrichten. Sie lernen, den Abzug zwischen ihren Herzschlägen auszulösen, genau in diesem kurzen Augenblick der Gleichmäßigkeit und Ruhe, und der Schlüssel hierfür ist ihre Fähigkeit, sich so zu trainieren, daß sie ihre Herzfrequenz bewußt senken können.

Das innere Spiel des Biofeedbacks

Herzfrequenzmeßgeräte sind wirklich eine interessante Ergänzung des Arsenals des Sportpsychologen. Nunmehr werden die Athleten, die unter einem enormen individuellen Druck stehen, z. B. wenn sie in großen Hallen vor vielen tausend Zuschauern auftreten, nicht nur per Video aufgezeichnet, sondern die Psychologen messen auch die Herzfrequenzen der Sportler während des Spiels. Später werden die Herzfrequenzen auf dem Video-Bildschirm eingeblendet, so daß die Herzfrequenzen der Sportler genau analysiert werden können.

Warum machen sie dies alles mit? Weil die Herzfrequenz der Sportler, und damit ihre Leistung, durch eine Unmenge von Faktoren beeinflußt werden kann. Wenn die Sportler sich der Faktoren, die eine Rolle spielen, bewußt wären (z.B. minimale Erholungszeit, negatives mentales Feedback, Ablenkungen oder schlechte Witterungsbedingungen), könnten sie imstande sein, potentielle Probleme vor ihrer Entstehung zu erkennen.

Wenn z.B. Ihr negatives Selbstgespräch Sie während eines Tennis-Spiels überzeugen würde, daß das Spiel hoffnungslos ist, wird Ihre Herzfrequenz mitten im Spiel aufgrund dieses psychologischen Erkennens des Mißerfolgs sinken. Oder wenn Ihr Selbstgespräch streßintensiv ist, ohne notwendigerweise destruktiv zu sein, könnte Ihre Angst dazu führen, daß Ihre Herzfrequenz irrtümlicherweise auf einem hohen, auslaugenden Niveau bleibt, was auch fatale Konsequenzen für Ihr Spiel hat. Ihr Coach, das Herzfrequenzmeßgerät, könnte Sie sofort wissen lassen, daß Ihr negatives Selbstgespräch Ihre Leistungsfähigkeit negativ beeinflußt. Idealerweise würden Sie diese Information nutzen, um in Kenntnis des Problems Ihre mentale Einstellung in eine andere Richtung zu lenken.

Dies ist die Chemie der Emotionen, die Chemie des Ärgers, die Chemie der Niederlage, die Chemie der Freude. All diese emotionalen

Zustände üben einen massiven psychologischen Einfluß auf die Fähigkeit des Sportlers aus, sich zu konzentrieren und Leistung zu erbringen. Die besten Tennisspieler wissen intuitiv, daß dies wahr ist, aber denen, die diesen Sinn nicht bereits haben, kann bei der Ausprägung dieses Sinns geholfen werden, indem sie Herzfrequenzmeßgeräte verwenden.

Der Geist möchte den Körper kontrollieren, aber dennoch hat der Körper oft eigene Vorstellungen. Das Problem ist darin begründet, daß Ihr Geist keine harten Daten erhält: Ist Ihr kardiorespiratorisches System wirklich überlastet, oder machen Sie sich nur Sorgen über die morgige Hypotheken-Zahlung? Ihre subjektiv wahrgenommene Belastung ist alles andere als zuverlässig, vor allem bei höheren Belastungsintensitäten.

Bei einigen Spiel-Sportarten verbringen die Spieler einen großen Teil des Spiels stehend oder zumindest körperlich mehr oder weniger inaktiv. Dennoch ist das, was die Spieler in diesen Phasen tun, für ihren Erfolg entscheidend. Spieler, die diese Zeiten nutzen, um sich schnell und beständig zu erholen, und ihr Leistungsniveau so dicht am Maximum halten wie möglich, haben gegenüber ihren Gegnern, die dies nicht tun, einen entscheidenden Vorteil.

Der Sportpsychologe James Loehr, Präsident von Loehr Groppel Saddlebrook Sport Science in Wesley Chapel, Florida, glaubt, daß das, was man in den Erholungsphasen denkt, genauso wichtig ist wie das, was man aktiv tut. Hochleistungs-Tennisspieler müssen die individuelle Herzfrequenzzone, die ihrem Leistungsstand entspricht, kennenlernen. Diese wird definiert als die Herzfrequenzzone, die gerade so hoch ist, daß sie ein für das Spiel notwendiges Erregungsniveau gewährleistet, die aber andererseits so niedrig ist, daß eine Übererregung vermieden wird. Bei den meisten Spielern liegt dieser Bereich zwischen 80 und 100 Schlägen/min.

Einige Tennisspieler spielen tatsächlich besser, wenn sie ermüdet sind. Dies mag seltsam erscheinen, wenn man jedoch die Daten des Herzfrequenzmeßgerätes studiert, macht es Sinn. Ermüdung kann Nervosität reduzieren und ermöglicht, daß die Herzfrequenz zwischen den Punktgewinnen ansteigt und fällt, wie vom Spiel verlangt. Wie oben erwähnt, erholen sich nervöse Spieler so gut wie gar nicht, denn sobald das Spiel unterbrochen wird, halten die aufgrund ihrer

Nervosität ausgeschütteten Streßhormone ihre Herzfrequenz auf einem hohen Niveau, was zu einer linearen Herzfrequenzkurve führt. Wenn bei Ihnen z.B. eine Herzfrequenz zwischen den einzelnen Punkten von 170, 165, 170 und 168 gemessen wird, verhindert Ihre emotionale Reaktion eine Erholung.

Es ist schwierig (wenn nicht gar unmöglich), die Intensität eines Meisterschaftsspiels im Training zu simulieren. Aus diesem Grunde entstammen die wichtigsten Trainingsdaten richtigen Wettspielen. Dennoch können Sie Trainingsspiele als emotionale und Erholungstrainingseinheiten nutzen. Dies wird Ihnen zu einem besseren Verständnis der physiologischen Rhythmen Ihres Körpers bei Wettspielen verhelfen. Wenn Sie erst einmal die entscheidende Brücke zwischen Ihrem Geist und Ihrem Körper hergestellt haben, werden Sie feststellen, daß Ihre Wettkampfleistung immer von wesentlich mehr Faktoren abhängig war als von Ihrer Trainingszeit, Ihrem Schlaf und Ihrer Ernährung. Jedes Spiel ist ebenso eine mentale wie eine körperliche Schlacht.

Denken Sie daran, auf sich selbst zu achten, auf Ihren Geist, Ihre innere Stimme und all Ihre Emotionen. Sportpsychologen haben die Leistungsauswirkungen von Ärger, negativem mentalem Selbstgespräch, von verbissenen Versuchen und wenig intensiven Versuchen gemessen. Das Herz reagiert erstaunlich sensibel auf all diese Bedingungen. Achten Sie in jedem Fall auf Ihre Herzfrequenz - befindet sie sich in Ihrem idealen Leistungsbereich? Messen Sie sie. Studieren Sie sie. Trainieren Sie, die von Ihrem Herzfrequenzmeßgerät gelieferten Daten zu nutzen, und richten Sie Ihre neue Kontrolle auf ein effektiveres Spiel.

High Tech und High Touch

In *Megatrends* sagte Jon Naisbitt voraus, daß die 90er Jahre von "High Tech und High Touch" bestimmt werden würden. In diesem Punkt hatte er Recht. Herzfrequenzmeßgeräte sind zweifellos ein High-Technology-Produkt, und sie sind auch ganz gewiß "high touch". Aufgrund ihrer intimen Sensibilität unserem Körper gegenüber versetzen sie unseren Geist in die Lage, sanft und methodisch auf unser Herz zu antworten.

Herzfrequenzmeßgeräte stellen das Mittel dar, um die Lernkurve des Sportlers in Sachen Selbstverständnis und Feineinstellung der Fähigkeit, sich bewußt auf den eigenen Körperrhythmus einzustellen, zu beschleunigen. Tennisspieler wie Jennifer Capriatti, Pete Sampras und Andre Agassi verwenden von Herzfrequenzmeßgeräten ermittelte Daten und die von James Loehr gegebenen Tips, um genau das zu tun.

Loehr zeichnet die Meisterschaftsspiele seiner Spieler auf und analysiert ihre Herzfrequenzen im Verlauf der Spiele. Er korreliert dann die gewonnenen Punkte mit den Herzfrequenzen, um ihre individuellen idealen Intensitätszonen zu bestimmen. Wenn er einmal die ideale Herzfrequenzzone des einzelnen Spielers kennt, kann er Trainingsprogramme aufstellen, die die Fähigkeit des Sportlers, innerhalb seines optimalen Herzfrequenzbereichs zu spielen, erhöhen.

Auch Sie können Ihre eigene ideale, Ihrem Leistungszustand entsprechende Herzfrequenzzone bestimmen. Benutzen Sie Ihr Herzfrequenzmeßgerät, um Ihre Leistung während eines Wettkampfspiels zu kontrollieren, und stellen Sie danach eine Korrelation zwischen Ihren

Mark Allen ist unter dem Spitznamen "Zen-Master" bekannt, weil er seine mentale Kraft einsetzt, um seinen Körper an neue Grenzen zu führen. Das Herzfrequenzmeßgerät ist seine Verbindung zwischen Geist und Körper.

Herzfrequenzdaten und den gewonnenen und verlorenen Punkten her. (Ein gutes Gedächtnis und die Mitarbeit Ihres Partners wird Ihnen hierbei eine Hilfe sein, wenn Sie selbst Ihr Spiel nicht per Video aufzeichnen können.)

Untersuchungen im Fußball haben ergeben, das eine nachgewiesene erhöhte Herzfrequenz gegen Ende des Spiels die Torschußgenauigkeit stark beeinträchtigt. Die Folge muß sein, daß Spieler, die sich nicht mehr biologisch regenerieren können, ausgewechselt werden.

Die Sportler der Zukunft werden ihren Körper und emotionalen Zustand durch ihre Sensitivität für ihre Herzfrequenz kontrollieren. Sie werden ihre optimalen Herzfrequenzbereiche einstellen und ihre Herzfrequenzmeßgeräte häufig kontrollieren, um sicherzustellen, daß sie sich innerhalb ihrer optimalen Herzfrequenzzonen befinden. Sie werden das mittels Herzfrequenzmeßgeräten kontrollierte Training einsetzen, um zu lernen, wie sie sich innerhalb der Ruhepausen erholen sollen. Sie werden Herzfrequenzmeßgeräte benutzen, um zu bestimmen, wann ihre Ermüdung ihre Leistungsfähigkeit einschränkt. Sie werden die dynamische Beziehung zwischen Geist und Körper verstehen - wie der eine Bereich den anderen beeinflußt und wie beide Komponenten doch eine grundsätzliche Einheit darstellen.

Erfahrungsbericht

Trainingseinheiten für Ultradistanz-Sportler

Ray Browning

Als Ultradistanz-Triathlon-Spezialist habe ich festgestellt, daß der Einsatz eines Herzfrequenzmeßgerätes für den Erfolg meines Trainingsprogramms entscheidend ist. Jede meiner Trainingseinheiten verfolgt ein bestimmtes Ziel, und mein Herzfrequenzmeßgerät ermöglicht mir, dieses Ziel genau zu erreichen.

Ich konnte auch feststellen, daß Herzfrequenzmeßgeräte bei der Ausbildung von zwei für Sportler entscheidenden Fertigkeiten helfen. Die erste Fertigkeit ist das Aufeinanderabstimmen von Herzfrequenz und wahrgenommener Belastung, dem Belastungsempfinden. Durch Einsatz eines Herzfrequenzmeßgerätes lernen Sie das Gefühl kennen, das bestimmte Intensitäten oder Geschwindigkeiten begleitet, und Sie können lernen, Ihre Wettkampfleistung gefühlsmäßig zu steuern. Zweitens habe ich herausgefunden, daß das Herzfrequenzmeßgerät ein sinnvolles Werkzeug ist zur Signalisierung von Übertraining oder mangelnder Erholung nach dem Training oder Wettkampf. Meiner Erfahrung nach bricht die Beziehung zwischen der Herzfrequenz und der wahrgenommenen Belastung zusammen, wenn ich nicht völlig erholt bin, was dazu führt, daß der Grad der wahrgenommenen Belastung sehr hoch, die entsprechende Herzfrequenz jedoch niedrig ist. So sollte z.B. meine Herzfrequenz während einer Intervalleinheit auf dem Fahrrad zwischen 165 und 175 Schlägen/min liegen, und die Belastung sollte als hart empfunden werden. Wenn ich nicht erholt oder übertrainiert bin, entspricht das gleiche Gefühl einer Herzfrequenz zwischen 125 und 155 Schlägen/min. Wenn dies zu Beginn einer Trainingseinheit geschieht, breche ich die Einheit ab, gehe nach Hause und ruhe mich aus.

Ich setze mein Herzfrequenzmeßgerät bei fast allen meinen Trainingseinheiten ein (mit der Ausnahme von ganz lockeren Erholungseinheiten), aber ich habe einige Situationen gefunden, in denen Herzfrequenzmeßgeräte besonders nützlich sind. Die erste Situation ist Radfahreinheiten und Laufeinheiten über lange Strecken in langsamem Tempo zu absolvieren. Das Ziel dieser Einheiten besteht darin, die Intensität gering (65% der MHF) und die Dauer lang zu halten (5 und mehr Stunden Radfahren, 2 und mehr Stunden laufen).

Das Meßgerät hilft mir, während dieser Trainingseinheiten drei Dinge zu tun. Zunächst ist das Herzfrequenzmeßgerät wichtig, damit ich die Intensität niedrig genug halte, vor allem bei Berganläufen. Zweitens ermöglicht mir das Herzfrequenzmeßgerät, die Intensität beim Bergablaufen hoch genug zu halten. Statt einfach bergab zu laufen oder zu fahren, versuche ich beim Bergabfahren mit hoher Frequenz zu treten oder beim Laufen den Schritt lang zu ziehen. Dies hilft mir, ein genaues Gefühl für die Belastung in allen Geländeformen zu entwickeln. Drittens ermöglicht mir mein Herzfrequenzmeßgerät, mein Tempo in einer Gruppe zu kontrollieren, so daß ich auch in dieser Situation mein Trainingsziel erreichen kann. Die soziale Komponente der meisten Gruppensituationen geht mit zunehmender Dauer der Trainingseinheit meistens verloren, und als Folge nimmt die Intensität zu. Durch Einsatz meines Herzfrequenzmeßgerätes als Tempoführer kann ich meinen Einsatz kontrollieren und die Gruppe ziehen lassen, wenn sie ihr Tempo beschleunigt, oder ich kann mir Trainingsbegleiter suchen, mit denen ich diese Einheiten absolvieren und dennoch in Kontrolle bleiben kann.

Zusätzlich zu den langen, langsamen Trainingseinheiten verwende ich mein Herzfrequenzmeßgerät auch besonders gerne bei langen Radeinheiten mit kontinuierlichem Tempo im Bereich der Renngeschwindigkeit. Ich absolviere normalerweise einmal alle zwei Wochen eine 2- bis 3stündige Zeitkontrolleinheit im Tempo der Radstrecke in einem Ironman-Triathlon (38 bis 40 km/h). Die Intensität ist einigermaßen hoch - etwa 80 bis 85% meiner MHF -, aber sicherlich durchzuhalten. Das Ziel ist hierbei, während einer langen Belastung effektiver und konzentrierter zu werden, und ich versuche, das Tempo in dem Bereich zu halten, den ich einhalten will und meine Herzfrequenz gleichzeitig zu senken. Dies zwingt mich, mit der Technik zu experimentieren und die effektivste Tretfrequenz und den günstigsten Tretstil zu finden und gleichzeitig daran zu arbeiten, mich auf die Technik zu konzentrieren. Ich habe festgestellt, daß ich bei Konzentration auf meine Atmung und Biomechanik im gleichen Tempo bei niedrigerer Herzfrequenz fahren kann. Diese Arten von Trainingseinheiten helfen mir auch, den Grad meiner Fitneß abzuschätzen und mein Programm so zu ändern, daß es wieder mit meinem Fitneßniveau übereinstimmt, etwas, das wir alle 6 bis 8 Wochen tun sollten.

Ray Browning hat bereits sieben Ironman-Triathlons gewonnen.

Kapitel 5

Die Schlüssel zu Ihrem Herz: Ihre maximale Herzfrequenz und Ruheherzfrequenz

Der Grund, warum wir trainieren, ist einfach: um physiologische Anpassungen an höhere Stufen der sportlichen Leistung zu erzielen. So kann man das Ziel des Trainings zusammenfassen. Sicherlich trainieren wir, um unser Gewicht zu kontrollieren, um ein emotionales Gleichgewicht zu erzielen, um eine allgemeine Fitneß zu erreichen und wegen anderer persönlicher Gründe. Aber tief im Inneren trainieren wir ganz einfach, um uns zu verbessern.

Um wirklich unsere Leistung zu verbessern, müssen wir uns koordinieren und uns auf alle Faktoren, die eine Rolle spielen, konzentrieren: Häufigkeit und Länge der Trainingseinheiten, Trainingsart, Schnelligkeit, Intensität, Dauer und Wiederholung der spezifischen Aktivität oder Sportart. Wie weit können Sie Ihre Leistung verbessern? Wer weiß? Es gibt zahllose Faktoren, die Ihre sportlichen Grenzen limitieren. Was wirklich zählt, ist unsere Fähigkeit, unsere persönliche Bestleistung in einer Welt zu erzielen, in der viele aufgeben, bevor sie überhaupt angefangen haben. Ein Herzfrequenzmeßgerät kann Ihnen helfen, Ihr Ziel mit Zuversicht und Effizienz zu erreichen.

Früher haben die Trainer verlangt, daß alle ihre Schützlinge das gleiche Training mit der gleichen Intensität absolvieren. Sie ignorierten die Individualität der Anpassungsgeschwindigkeit und der genetischen Voraussetzung des einzelnen Sportlers. Nun wissen wir, daß das Training etwas sehr Individuelles ist und daß sich die Individuen sehr voneinander unterscheiden. Was für den einen eine hohe Intensität ist, kann für den anderen, der in besserer Form ist oder über die besseren genetischen Voraussetzungen verfügt, erheblich unter der einen Trainingseffekt bewirkenden Schwellenintensität liegen.

Aus diesem Grund müssen die Trainingsanforderungen auf Basis der relativen Belastungsgrundlage bestimmt werden. Das heißt, daß die Trainingsintensitäten als Prozentsätze der individuellen, vom jeweiligen Fitneßniveau abhängigen maximalen Funktion, festgesetzt werden müssen.

Es gibt verschiedene Methoden zur Bestimmung der Trainingsintensität:

Maximale Herzfrequenz (MHF): Das ist die Herzfrequenz, bei der eine Steigerung der Belastungsintensität zu keinem weiteren Herzfrequenzanstieg führt. Der Wert der maximalen Herzfrequenz entspricht der maximalen Häufigkeit, mit der Ihr Herz sich innerhalb einer Minute zusammenziehen kann, und dieser Wert kann nicht mehr gesteigert werden; er kann nur altersbedingt abnehmen.

Maximale VO_2 (VO_{2max}): Dies ist das maximale Volumen (V) an Sauerstoff (O_2), das Sie unabhängig von Intensitätssteigerungen ausnutzen können. Es ist synonym mit dem maximalen Sauerstoffverbrauch, der maximalen Sauerstoffaufnahme, oder der maximalen aeroben Kapazität.

Maximale Arbeitskapazität: Die Fähigkeit einer Person, Arbeit zu verrichten. Sie wird gemessen durch den Stoffwechselumsatz, METs (die energetischen Kosten der Arbeit), Sauerstoffverbrauch, Herzfrequenz und Sauerstoffpuls. Die maximale Arbeitskapazität wird auch funktionale Kapazität genannt.

Laktatschwelle: Der Punkt, von dem an Milchsäure (ein Nebenprodukt der Muskelkontraktionen, darüber später mehr) schneller anzusteigen beginnt, als es abtransportiert oder resynthetisiert werden kann.

Herzfrequenzreserve: Dies ist die Differenz zwischen Ihrer MHF und Ihrer RHF. Je größer dieser Unterschied ist, desto größer ist Ihre Herzfrequenzreserve, und desto größer kann die Spannbreite der eine bestimmte Trainingsintensität repräsentierenden Herzfrequenzbereiche sein.

Von diesen fünf Meßmethoden der Trainingsintensitäten ist die MHF der Wert, der von den meisten Sportlern am einfachsten zu handhaben ist, denn es ist der einzige Wert, den wir selbst errechnen können. Um die maximale Arbeitskapazität, die VO_{2max} und die Laktatschwellen genau bestimmen zu können, bedarf es einer teuren und anspruchsvollen Apparatur. Wenn Sie Ihr gesamtes Training in einem Labor mit elektronischen und computerisierten Apparaten und Aufzeichnungsgeräten, an die Sie angeschlossen wären, absolvieren würden, könnten Sie sicherlich nahezu alle Faktoren messen, die im Training von Bedeutung sind, aber das ist weder praktikabel noch ökonomisch.

Glücklicherweise haben Leistungsphysiologen nachgewiesen, daß all diese Messungen genau aufeinander bezogen sind. Die VO_{2max} und die MHF sind innerhalb von 8% über dem 50%-Bereich voraussagbar aufeinander bezogen; d.h., wenn jemand mit einem gegebenen Prozentsatz seiner MHF trainiert, dann befindet er sich in einem voraussagbaren Prozentbereich seiner VO_{2max}. Dies gilt unabhängig vom Geschlecht oder Lebensalter der betreffenden Person. In der folgenden Abbildung sehen Sie, wie MHF und VO_{2max} zueinander in Beziehung stehen:

Die Beziehung zwischen MHF und VO_{2max}

Prozent der maximalen Herzfrequenz (MHF)	Prozent der VO_{2max} oder maximale aerobe Kapazität
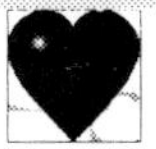	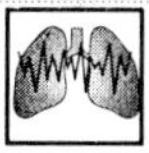
50 - 60	bis zu 50
60 - 70	50 - 60
70 - 80	60 - 75
80 - 90	75 - 85
90 - 100	85 - 100

Die Beziehung zwischen MHF und VO_{2max}

Der Begriff "Maxima" verursacht unter Sportlern oft Verwirrung, denn sie sind sich der vielfältigen Maxima, auf die sie sich beziehen, nicht bewußt: Herzfrequenz (MHF), aerobe Kapazität (VO_{2max}) oder Laktatbildung (mmol Laktat/l Blut). Wie Sie sehen können, entsprechen 70% der MHF 60% der VO_{2max}. Ich höre oft, wie Sportler mit Prozentwerten um sich werfen, als ob sie für jeden dieser physiologischen Werte identisch wären, aber dies trifft auf die meisten sicherlich nicht zu. Wenn Sie sich unklar darüber sind, auf welches "Max" wir uns gerade in diesem Buch beziehen, können Sie ruhig annehmen, daß es sich um die MHF und deren Prozentanteile handelt, es sei denn, ich habe ausdrücklich etwas anderes gesagt. Ich dränge andere, zwischen den vielen "Maxs" zu unterscheiden und in Zukunft nur noch MHF statt der anderen Werte im Training, in Seminaren und Publikationen zu verwenden, in der Hoffnung, daß die Sportler lernen werden, ihre "Maxima" korrekt anzuwenden und sich korrekt darauf zu beziehen.

Die altersangepaßte Herzfrequenzformel

Es gibt eine mathematische Formel, die Ihnen die Voraussage Ihrer MHF mit einiger Genauigkeit ermöglicht. Sie wird die "altersangepaßte Formel" genannt. Da es für Anfänger oder Rehabilitanden nicht angebracht ist, alleine einen MHF-Test vorzunehmen, bietet sich die altersangepaßte MHF-Formel gut an, wenn Sie die Kosten für einen ärztlichen Belastungstest sparen wollen.

Für Frauen lautet die Formel:

226 - Lebensalter = altersangepaßte MHF.

Für Männer lautet die Formel:

220 - Lebensalter = altersangepaßte MHF.
(nach Empfehlung der American Heart Association)

Wenn Sie 30 Jahre alt sind, wird Ihre altersangepaßte maximale Herzfrequenz also folgendermaßen errechnet:

Altersangepaßte maximale Herzfrequenz
(für Frauen) = 226 - Lebensalter
= 226 - 30 Jahre
= 196 Schläge/min

Altersangepaßte maximale Herzfrequenz
(für Männer) = 220 - Lebensalter
= 220 - 30 Jahre
= 190 Schläge/min

Die Werte 220 und 226 scheinen die genauesten Annäherungen an die durchschnittlichen MHF-Werte von Männern und Frauen zu sein, wenn man die Frequenz nach der Pubertät mißt. Diese Formel sollte nicht auf Kinder angewandt werden.

Empirische Daten führen allerdings dazu, daß viele Menschen diese Formel in Frage stellen. Wenn Sie z.B. ein 25 Jahre alter Mann wären, dann wäre theoretisch Ihre MHF nach dieser altersangepaßten Formel 220 - 25 bzw. 195 Schläge/min, aber das ist fast meine eigene MHF, und ich bin immerhin eine 45 Jahre alte Frau.

Denken Sie bei Anwendung der altersangepaßten Formel daran, daß es zu Diskrepanzen kommen kann. Die altersangepaßte Formel gibt Ihnen als Basis einen groben Annäherungswert, aber wenn Sie im Bereich Ihrer effektivsten Herzfrequenzen trainieren wollen, sollten Sie sich nicht auf die Angabe verlassen, die Ihnen die altersangepaßte MHF-Formel liefert. Ein MHF-Test, wie er im folgenden Abschnitt beschrieben wird, ist in diesem Falle empfehlenswerter.

Im Ausdauer-Wettkampf befindet sich Ihre Herzfrequenz einige Prozentpunkte von Ihrer anaeroben Schwelle entfernt, und nach dem Ende des Rennens sinkt Ihre Herzfrequenz allmählich. Allerdings nicht die Herzfrequenz des hier abgebildeten Triathleten Pauli Kiuru, sein Herz hüpft vor Freude!

Test zur Bestimmung Ihrer maximalen Herzfrequenz

Wie bereits besprochen, ist die genaue Berechnung Ihrer maximalen Herzfrequenz (MHF) eine entscheidende Voraussetzung für die Entwicklung eines wirklich effektiven individuellen Fitneßprogramms. Obwohl es eine ganze Anzahl von mathematischen Gleichungen gibt, mit deren Hilfe Sie Ihre MHF errechnen können, war ich immer davon überzeugt, daß es sinnvoll ist, diese Angaben mit Hilfe von tatsächlichen Belastungstests zu verifizieren.

Die sicherste und empfehlenswerteste Methode zur Bestimmung Ihrer MHF ist die Durchführung eines maximalen Belastungstests und einer Gesundheitskontrolle durch den Arzt oder Sportphysiologen. Beim Arzt wird ein derartiger Test in der Regel auf einem Laufband oder Fahrradergometer absolviert. Der Test wird Ihre MHF genau, sicher und präzise ermitteln. Des weiteren werden Ihnen interessante Daten, wie z.B. Ihre VO_{2max} und die Laktatschwellen, mitgeteilt. Die Kosten für einen Belastungstest variieren stark, aber sie liegen in der Regel zwischen 150 und 750 DM pro Test.

Zwei Warnungen zum Schluß, eine vom American College of Sports Medicine:

> Im Alter von 35 Jahren oder mehr ist es notwendig, sich vor Aufnahme eines intensiven Trainingsprogramms einer medizinischen Untersuchung und einem maximalen Belastungstest zu unterziehen. In jedem Alter können jedoch die aus einem Belastungstest entnommenen Informationen nützlich für die Entwicklung eines effektiven und sicheren Trainingsprogramms sein. Männer mit 40 Jahren oder älter und Frauen im Alter von 50 Jahren oder älter sollten sich maximalen Belastungstests nur unter ärztlicher Kontrolle unterziehen, selbst wenn keine Symptome oder Risikofaktoren vorliegen.

Und eine persönliche Warnung:

> Unterziehen Sie sich nicht selbst den folgenden Belastungstests, wenn Sie älter als 35 Jahre sind, bisher keinen Sport getrieben haben oder aus irgendeinem Grund in schlechter körperlicher Verfassung sind, sich nicht einer gründlichen ärztli-

chen Untersuchung (einschließlich eines Belastungstests) unterzogen und die Erlaubnis eines Arztes eingeholt haben.

Beachten Sie diesen Ratschlag gut.

Jedesmal, wenn Sie sich einem maximalen Herzfrequenztest unterziehen, wie hier im Bild der Radfahrer Nelson Vails, unterziehen Sie sich einer erschöpfenden Belastung mit maximaler Geschwindigkeit!

Maximale Herzfrequenztests

Leider gibt es keine Methode, Ihre MHF zu steigern. Die MHF scheint genetisch festgelegt zu sein, und sie kann durch Training welcher Art auch immer nicht signifikant verändert werden. Der Altersprozeß ist der einzige von uns identifizierte Faktor, der die MHF überhaupt verändert, und er verändert sie unglücklicherweise in die falsche Richtung.

Die MHF hängt von der spezifischen Sportaktivität ab. Ihre MHF beim Radfahren unterscheidet sich leicht von der beim Skilanglauf,

Schwimmen, Laufen oder beim Aerobic. Das bedeutet, daß Sie sich im Falle eines Crosstrainings für jede einzelne Sportaktivität separaten MHF-Tests unterziehen müssen. Bei Sportaktivitäten, die den Oberkörper betreffen, werden tendenziell 10 bis 13 Schläge/min weniger gemessen als für Aktivitäten, die die unteren Extremitäten betreffen. So ist sowohl bei trainierten als auch untrainierten Personen die z.B. beim Schwimmen gemessene MHF normalerweise 10 bis 13 Schläge/min niedriger als die während des Laufens gemessene. Meine eigene MHF variiert zwischen meinen drei Sportarten beträchtlich. Kontrollieren Sie, ob sich auch Ihre MHF von Sportart zu Sportart unterscheidet.

Der MHF-Unterschied zwischen Aktivitäten, die den Oberkörper und die unteren Extremitäten betreffen, ist möglicherweise das Ergebnis der relativ kleineren Muskelmassen im Oberkörper im Vergleich zu den unteren Extremitäten. Wenn Sie keine sportartspezifischen MHF-Tests an sich vornehmen, sollte bei der Bestimmung der Trainingsherzfrequenzen im Schwimmen oder bei anderen Oberkörperaktivitäten dieser Unterschied von 10 bis 13 Schlägen/min berücksichtigt werden.

MHF-Tests: Vorbereitung

Die Tageszeit, zu der Sie den MHF-Test durchführen, ist wichtig für Ihre Leistung. Es ist am besten, den Test vorzunehmen, wenn die Summe der Umgebungstemperatur (gemessen in Grad Celsius) und der Feuchtigkeit (gemessen als Prozentwert) einen unter 100 liegenden Wert ergibt. Wenn die Lufttemperatur z.B. 30 Grad Celsius und die Luftfeuchtigkeit 70% beträgt, beträgt die Summe dieser Umgebungsbedingungen 100.

Planen Sie die Einnahmezeiten Ihrer Mahlzeiten vor dem Test. Warten Sie mindestens eine Stunde nach einer mittleren bis großen Mahlzeit. Einige Personen finden, daß es am günstigsten ist, vor dem Test ein wenig Nahrung im Magen zu haben, während dies bei anderen zu Krämpfen und Magenproblemen führt.

Damit jeder MHF-Test erfolgreich verläuft, sollte es sich um einen sog. stufenweise ansteigenden Belastungstest handeln. Dies erfordert, daß im Verlauf des Tests das Tempo allmählich erhöht wird. Ein entscheidender Faktor ist, daß der MHF-Text in der Zielsportart bzw.

Disziplin durchgeführt wird. Alle Tests erfordern jedoch, daß Sie sich extrem hart belasten, und zwar bis zu dem Punkt, an dem Sie sich ausbelastet fühlen.

Obwohl Sie sich bei MHF-Tests ausbelasten, sollten Sie den Test im Falle von Brustschmerzen oder Atembeschwerden sofort abbrechen. Konsultieren Sie vor der erneuten Durchführung des Tests Ihren Arzt. Wenn Ihre Herzfrequenz das von Ihnen errechnete altersangepaßte Maximum übersteigt, müssen Sie sehr vorsichtig sein.

Schließlich dürfen Sie bei all den folgenden Tests das vorherige Auf- und nachfolgende Abwärmen nicht vergessen. Daß Sie Ihre MHF kennen, nutzt Ihnen nicht viel, wenn Sie sich eine Zerrung im Bereich der hinteren Oberschenkelmuskulatur oder der Leiste oder eine schlimmere Verletzung zuziehen! Das richtige Auf- und Abwärmen variiert von Person zu Person und von Aktivität zu Aktivität. Deshalb kann ich Ihnen hier keine feststehenden Regeln nennen; die folgenden Richtlinien können jedoch eine Hilfe sein.

Die wichtigsten Dinge, an die man denken sollte, sind, daß die Funktion des Auf- und Abwärmens den Übergang vom Ruhezustand in den aktiven Zustand und umgekehrt erleichtern soll, und daß alle Ihre Muskeln von diesen Aktivitäten betroffen sein müssen. Viele Menschen denken daran, ihre Arme, Beine, ihren Rumpf und Hals ausreichend zu dehnen (so werden mindestens fünf Minuten zu Beginn und Ende Ihrer Trainingseinheit empfohlen), aber sie vergessen, den wichtigsten Muskel von allen, nämlich ihr Herz, auf- und abzuwärmen.

Jedesmal, wenn Sie ein anstrengendes Training beginnen, sollten Sie die Geschwindigkeit nur allmählich steigern, um Ihre Herzfrequenz zumindest an die untere Grenze Ihrer Ziel-Trainingszone zu bringen, bevor Sie sich in Ihrer Trainingseinheit voll belasten. Wenn Sie das Training im Bereich Ziel-Trainingszone beenden, sollten Sie ebenfalls die Geschwindigkeit Ihrer Bewegungen allmählich reduzieren, bis Sie Ihre Herzfrequenz auf die obere Grenze Ihrer Ruhe-Herzfrequenzzone gebracht haben. Erst dann können Sie die Trainingseinheit als beendet betrachten. Ich beginne z.B. einen Lauf mit einem langsamen Traben, dann steigere ich das Tempo und laufe schließlich mit zügigem Tempo. Umgekehrt gehe ich vor, wenn ich das Training beende. Sie müssen hier also auf Ihren gesunden Menschenverstand ebenso wie auf Ihr Herzfrequenzmeßgerät hören. Lassen Sie sich von Ihrem Herzfrequenzmeßgerät durch das Auf- und Abwärmprogramm sowie durch das Training in Ihrem Herzfrequenz-Zielbereich führen.

Jetzt zu den Tests ...

MHF-Tests: allgemeine Sportaktivitäten

1. Test mit voller Belastung: Belasten Sie sich mit dem höchsten Tempo, das Sie für zwei bis vier Minuten aufrechterhalten können, so, daß gegen Ende dieser Zeit Ihre Herzfrequenz nicht mehr ansteigt. Diesen Test sollten Sie nach einer Erholungspause von zehn Minuten noch einmal durchführen. Die MHF ist in der Regel die höchste Herzfrequenz, die am Ende dieser Zeit registriert wird.

2. Der Wettkampftest: Absolvieren Sie ein Rennen von kurzer bis mittlerer Streckenlänge. Belasten Sie sich während der letzten beiden Minuten hart. Ihre MHF ist normalerweise die höchste Herzfrequenz, die am Ende dieser Zeit gemessen wird.

MHF-Tests: Laufen

1. 12-Minuten-Test: Dies ist ein Test, der so oft wiederholt werden kann, wie es für die Bestimmung der Verbesserung Ihres Konditionszustandes notwendig ist. Ken Cooper entwickelte in seinem Buch Aerobics (dt. Bewegungstraining; Anm. d. Übers.) das Verfahren des 12-Minuten-Lauftests. Laufen Sie nach dem Aufwärmen mindestens zehn Minuten lang in lockerem Tempo, um dann während der letzten beiden Minuten mit vollem Tempo zu laufen. Messen Sie die während der 12 Minuten insgesamt zurückgelegte Strecke. Mit Verbesserung der Fitneß sollten Sie imstande sein, eine immer längere Strecke in der gleichen Zeit zurückzulegen. Die MHF ist normalerweise die höchste gegen Ende dieser Zeit gemessene Herzfrequenz.

2. Der 1-Meilen-Test: Laufen Sie auf der Bahn eine Meile bzw. vier 400-m-Runden so schnell Sie können. Halten Sie die über eine Meile gelaufene Zeit jedesmal fest, denn Sie sollten in der Lage sein, mit Verbesserung Ihres Konditionszustandes auch Ihre Laufzeit kontinuierlich zu verbessern. Ihre MHF ist die höchste gegen Ende des Laufs gemessene Herzfrequenz.

3. Hügel-Wiederholungs-Test: Suchen Sie sich einen "90-Sekunden-Hügel", d.h. einen relativ steilen Hügel, bei dem Sie bis zum Gipfel etwa 90 Sekunden brauchen. Laufen Sie nach dem Aufwärmen viermal so schnell Sie können zum Gipfel dieses Hügels, und laufen oder joggen Sie nach diesen Belastungen jedesmal wieder den Hügel hinunter, bis Sie wieder Ihre Vorbelastungsherzfrequenz erreicht haben. Ihre MHF ist normalerweise die höchste gegen Ende der Belastungen gemessene Herzfrequenz.

4. Stufentest: Legen Sie Ihre beste Laufzeit über eine Meile zugrunde, oder bestimmen Sie sie, wenn Sie sie nicht kennen, mit Hilfe einer Tempotabelle. Gehen Sie mit Ihrem Herzfrequenzmeßgerät zu einer Laufbahn. Starten Sie mit einem Tempo, das eine Minute langsamer ist als Ihre schnellste prognostizierte Meilenzeit. Steigern Sie dann allmählich Ihr Tempo, so daß Sie in der 4. Runde Ihr Meilen-Höchsttempo erreicht haben. Laufen Sie dann die letzten 200 m mit maximalem Einsatz. Ihre MHF ist der höchste mit Hilfe Ihres Herzfrequenzmeßgerätes auf diesen letzten 200 m gemessene Wert.

5. 800-m-Test: Laufen Sie 400 m mit einer Belastung, die 95% Ihrer Maximalbelastung entspricht, simulieren Sie dann auf den letzten 400 m eine echte Wettkampfsituation, indem Sie so schnell laufen wie nur möglich. Es hilft mir sehr, wenn meine Trainingskameraden diese Bahneinheiten zusammen mit mir absolvieren, denn sie treiben mich voran.

Im folgenden finden Sie einen Ausdruck eines meiner Trainingskameraden:

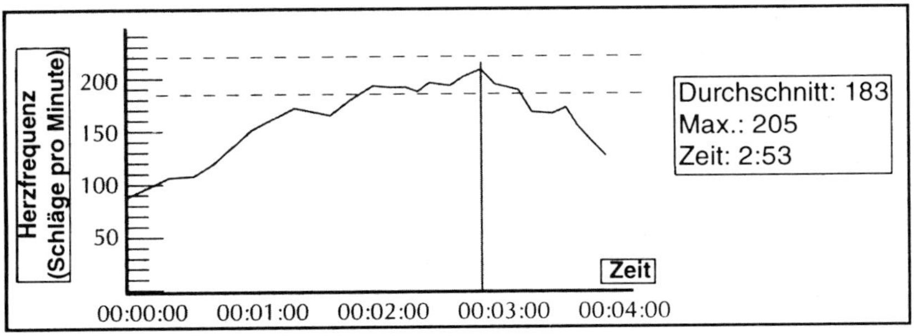

800-m-MHF-Test. Syd Winlock, 7.10.92, Hughes Stadion, Sacramento (Kalifornien)

MHF-Test: Schwimmen

1. Bahnentest: Schwimmen Sie 50 m in Ihrer liebsten Schwimmart aggressiv. Ruhen Sie sich zwei Minuten aus. Addieren Sie zur Zeit über Ihre ersten 50 m zehn Sekunden, um Ihre Startzeit zu erhalten. Schwimmen Sie dann etwa sechs Bahnen, wobei Sie mit dieser errechneten Zeit beginnen. Versuchen Sie, jede Bahn um jeweils fünf Sekunden schneller zu schwimmen, bis Sie Ihre Geschwindigkeit nicht länger steigern können. Halten Sie nach jeweils 50 m an, und kontrollieren Sie Ihr Herzfrequenzmeßgerät. Ihr höchster Wert während dieses Tests entspricht Ihrer MHF.

MHF-Tests: Radfahren

1. Flaches Gelände: Beginnen Sie eine "Leiter" mit 30-Sekunden-Intervallen. Steigern Sie die Geschwindigkeit Ihres Fahrrads bei jeder 30-Sekunden-"Stufe" um 1 km/h. Die Leiter sollte aus etwa vier bis acht Stufen bestehen; Ihre Anfangsgeschwindigkeit muß daher etwa 4 km/h langsamer sein als die Frequenz Ihrer schnellsten Mittelstrecken-Renngeschwindigkeit.

2. Hügeliges Gelände: Suchen Sie eine lange bergan führende Strecke oder eine Serie von Hügeln, und erreichen Sie den Fuß des Anstiegs mit relativ hohem Tempo. Fahren Sie mit extrem hartem Einsatz bergan, bis Ihre Herzfrequenzwerte nicht mehr ansteigen und Sie nahezu erschöpft sind. Der ermittelte Wert ist Ihre MHF.

Berechnung Ihrer Ruhe-Herzfrequenz

Für einige Berechnungen der Fitneß und Belastungsintensität ist es sinnvoll, seine Ruhe-Herzfrequenz (RHF) zu ermitteln. Die RHF ist die Anzahl der Herzschläge in einer Minute, wenn Sie sich in völliger Ruhe befinden. Es gibt zwei Methoden zur Berechnung der RHF:

Morgendliche RHF: Messen Sie Ihre Herzfrequenz mittels Ihres Herzfrequenzmeßgerätes unmittelbar nach dem Aufwachen noch vor dem Aufstehen. Ich ziehe es vor, mit meinem angelegten Herzfrequenzmeßgerät zu schlafen und den angezeigten Wert direkt morgens nach dem Aufwachen abzulesen. Legen Sie dazu die Elektroden des integrierten Senders auf und halten Sie ihn mit einer Hand fest. Sie können dann Ihre Herzfrequenz am Monitor ablesen. Seien Sie gewarnt: Wenn Ihre Blase morgens voll ist, wenn Sie schlecht geschlafen haben, oder wenn Sie sich gestreßt fühlen, könnte es sein, daß Ihre RHF leicht erhöht ist.

Abendliche RHF: Legen Sie sich mit einem guten Buch oder Magazin ins Bett, und messen Sie Ihre Herzfrequenz, nachdem Sie 10 bis 20 Minuten in der Bauchlage ruhig gelesen haben. Oder schauen Sie sich, wenn Sie möchten, im Verlauf der 10 bis 20 Minuten, die Sie auf dem Bauch liegend verbringen, ein entspannendes Fernsehprogramm an.

Nehmen Sie diese beiden Messungen an sieben verschiedenen Tagen vor, und bilden Sie einen Durchschnittswert. Dieser Durchschnitt entspricht Ihrer aktuellen RHF. Dieser Wert hängt von Ihrem Lebensstil und einer Anzahl anderer Faktoren, wie z.B. der Schlafqualität, dem Streßgrad und den Eßgewohnheiten ab.

Erfahrungsbericht

Die Trainingsherzfrequenz-Rechentabelle

Roy Benson, M.P.E.

Die folgende Tabelle (Abbildung A) ist ein Nomograph, der die Berechnung Ihrer maximalen und Ziel-Herzfrequenzen sehr erleichtert. Heutzutage sind Nomographen zwar seltener geworden, aber für unsere Zwecke sind sie aufgrund ihrer Praktikabilität geeignet. Dieser spezielle Nomograph befindet sich auf dem neuesten Stand, und ich habe ihn mit Unterstützung meiner Freunde, dem Leistungsphysiologen Ned Frederick, Ph.D., und dem Mathematiker Larry Simpson, zwei hochklassigen Sportexperten, entworfen. Sie stimmen darin überein, daß die Berechnung der Ziel-Herzfrequenzen (ZHFs) eine äußerst wichtige und notwendige Aufgabe ist, wenn man sinnvoll trainieren will. Das einfache Tragen eines Herzfrequenzmeßgerätes garantiert noch kein sinnvolles Training, es sei denn, Sie wissen, wie schnell Ihr Herz bei den verschiedenen Trainingseinheiten, die Sie absolvieren wollen, schlagen soll.

Abbildung A:

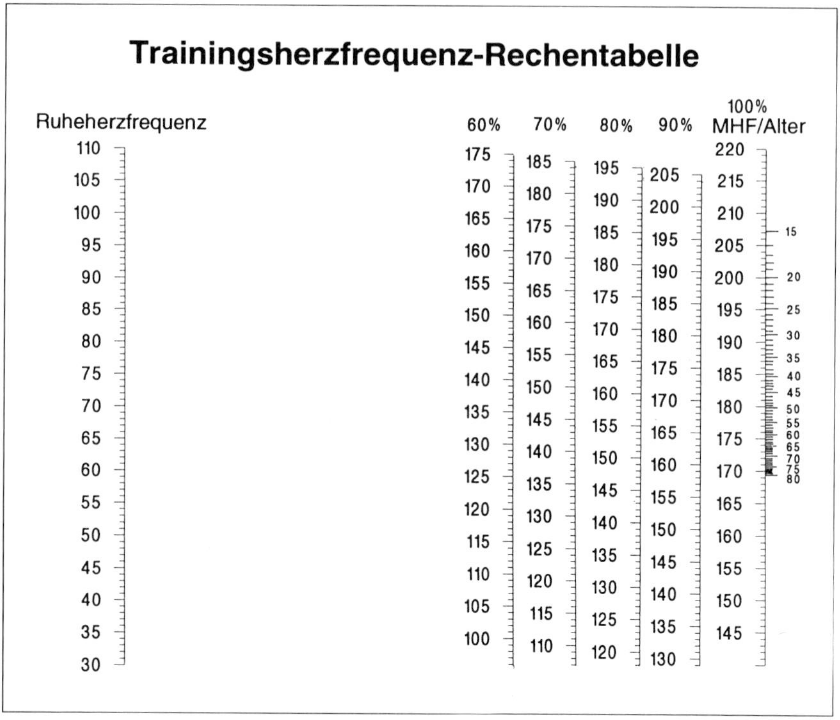

Als Beispiel, wie man die Trainingsherzfrequenz-Rechentabelle einsetzen soll, habe ich eine Gerade quer durch den Nomographen gezogen (Abbildung B), um zu zeigen, wie ein 56 Jahre alter, langjähriger Läufer mit einer RHF von 52 Schlägen/min seine MHF oder ZHFs für unterschiedliche Belastungsintensitäten bestimmen würde. Die linke vertikale Achse der Trainingsherzfrequenz-Rechentabelle stellt die RHF dar, während die rechte vertikale Achse die MHF darstellt, gleichgültig, ob die altersprognostizierte oder die reale. Es ist wichtig, die RHF miteinzubeziehen, da sie eine Aussage über den gegenwärtigen Fitneßgrad erlaubt. In dem erwähnten Beispiel ist ersichtlich, daß unsere Versuchsperson eine trainingsbedingte RHF hat, die niedriger als der Normalwert ist. (Die durchschnittlichen Ruheherzfrequenzen für Männer und Frauen liegen bei 72 bzw. 84 Schlägen/min)

Sie sollten bereits wissen, wie Sie Ihre RHF bestimmen: Benutzen Sie Ihr Herzfrequenzmeßgerät, um Ihre RHF an mehreren Tagen hinter-

Abbildung B:

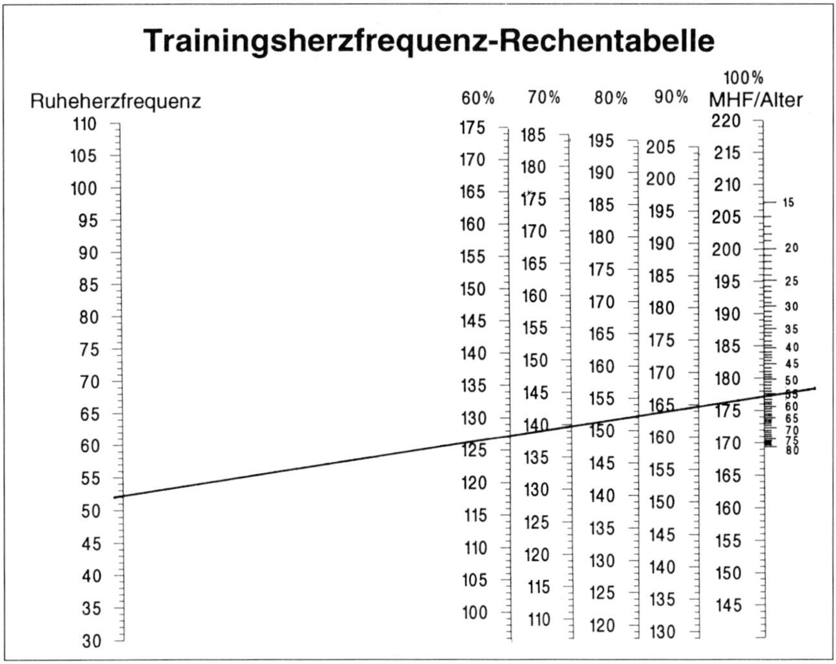

einander nach dem Aufwachen zu messen, und bilden Sie dann den Durchschnitt dieser Werte. Markieren Sie Ihre RHF auf der linken Vertikalachse.

Leider ist die Bestimmung Ihrer MHF etwas schwieriger. Aufmerksame Kardiologen bieten uns auf dem Nomographen drei Möglichkeiten zur Markierung Ihrer MHF an:

1. Möglichkeit: Personen, die sich aufgrund von Laufbandtests, Feldtests oder von Kontrollen ihrer Herzfrequenz am Ende erschöpfender Trainingseinheiten oder Wettkämpfe hinsichtlich ihrer aktuellen MHF absolut sicher sind, verwenden die Zahlen auf der inneren Kante der rechten Vertikalachse, um ihre exakte MHF zu finden und zu markieren.

2. Möglichkeit: Erwachsene, die nach einer sitzenden Lebensweise gerade mit einem Trainingsprogramm beginnen, suchen ihre altersangepaßte MHF (wie im vorangegangenen Kapitel erläutert) und brin-

Roy Benson (ganz rechts) berät und ermutigt einige Läufer, die nach der herzfrequenzorientierten Tempotrainingsmethode trainieren.

gen diesen prognostizierten Wert mit den Zahlen an der Innenkante der rechten Vertikalachse in Deckung.

3. Möglichkeit: Sportler, die sich während der meisten Zeit ihres Lebens in Form gehalten haben und die als permanent fit bekannt sind, suchen ihr Lebensalter unter den Zahlen an der Außenkante der rechten Vertikalachse und verwenden diesen Wert als Ausgangspunkt.

In meinem früheren Beispiel eines langjährigen Läufers (er/sie paßt in die dritte Kategorie) können wir durch Eintragen der RHF auf der linken Vertikalachse und des Alters des Läufers an der Außenseite der rechten Vertikalachse sehen, daß er eine prognostizierte MHF von 177 und prognostizierte ZHFs für andere Intensitätsstufen wie angeführt hat. Die in diesem Beispiel und in der dritten Kategorie vorgestellte Methode wurde mit Hilfe der von Dr. A. Hamid Hakki et al. publizierten Formel im Juli-Heft 1983 der Zeitschrift "Cardiovascular Reviews and Reports" entwickelt. Die Untersuchungen von Dr. Hakki, einem Arzt am William Likoff Cardiovascular Institute in Philadelphia, und ähnliche Bemühungen durch Luger et. al. in Kanada, haben zu der

Entwicklung dieser MHF-Formel geführt, die genau und gut für trainierte Personen geeignet ist.

Sollten Sie der zweiten oder dritten Kategorie angehören, müssen Sie im Gedächtnis behalten, daß wir Ihre MHF noch immer auf Basis von statistischen Daten schätzen. Es könnte ein großer Unterschied zwischen Ihrer tatsächlichen MHF und der durch die Nomograph-Berechnungen vorausgesagten sein, und zwar bis zu +/– 30 Schlägen/min, besonders für Frauen und Kinder zwischen 10 und 15 Jahren. Um sicher zu sein, sollten sich diejenigen mit besonderen Belangen ihre MHF immer von einem Arzt bestimmen lassen. Die anderen 80 oder 90% der Menschen werden sehr wahrscheinlich in die statistische Glockenkurve fallen und können sich ruhig auf die Tabelle verlassen.

Kapitel 6

Die fünf Zielherzfrequenz-Zonen

Aus mechanischer Sicht ist Ihr Herz eine Art Maschine. Sie müssen hin und wieder einmal unter der Motorhaube nachsehen, müssen Ihren Wasserstand kontrollieren, den richtigen Brennstoff nachlegen, und Sie müssen die Leistung des Motors kontrollieren, genau wie Sie es bei einem Auto tun würden. Wenn Sie die Wasserstände sinken lassen oder die Pflege Ihres Motors vernachlässigen, werden Sie früher oder später dafür bezahlen müssen.

Betrachten Sie Ihr Herzfrequenzmeßgerät als Drehzahlmesser, den Sie verwenden können, um den Fortschritt, den Einsatz und die Effizienz Ihrer Maschine zu kontrollieren, während Sie Ihr Trainingsprogramm absolvieren. Genausowenig wie Sie Ihren Motor in die Warnzone treiben wollen, sollten Sie vermeiden, Ihr Herz allzuoft in die höchste Trainingszone zu treiben.

Es gibt insgesamt fünf herzfrequenzorientierte Trainingszonen. Training in einer oder all diesen Zonen kann eine Rolle in Ihrem Gesamt-Fitneß- oder Trainingsprogramm spielen, je nachdem, welche individuellen Ziele Sie haben. Wir verwenden den Begriff "Zone", weil Zielherzfrequenzen nicht als eine spezifische Anzahl von Schlägen pro Minute aufzufassen sind. Sie müssen vielmehr daran denken, in einem Bereich innerhalb Ihrer Zielherzfrequenzzone zu trainieren, z.B. zwischen 135 und 145 Schlägen. So reicht z.B. die Gesundheitszone von 50 % Ihrer MHF an ihrem niedrigen Ende bis auf 60 % an ihrem hohen Ende, so daß die Zone all die Herzfrequenzen innerhalb dieses Bereichs einschließt. In Anbetracht der täglichen Variationen und Fluktuationen wäre es lächerlich zu denken, daß Sie tagein tagaus einen spezifischen Wert anstreben sollten.

Zum Abschluß noch zwei Dinge: *Zum einen,* wenn Sie die Grenzen Ihrer Trainingszonen errechnet haben und sie in Ihren Herzfrequenz-Monitor einspeichern, müssen Sie daran denken, daß Monitore normalerweise nur Daten in Form von 5 Schlägen/min akzeptieren. Wenn Sie z.B. nach einer Diät leben und gleichzeitig in Ihrer Fettverbrennungszone trainieren möchten, die von 96 bis 112 reicht, würden Sie Ihre niedrige Trainingszonengrenze auf 95 Schläge/min abrunden und von Ihrer tatsächlichen oberen Grenze von 112 Schlägen/min auf 110 Schläge/min für die Einstellung des Monitors abrunden. *Zum anderen,* dieses Kapitel mag lang sein, aber es ist DAS wichtigste Kapitel in diesem Buch. Überschlagen Sie es nicht! Wenn Sie wollen, können Sie es von Abschnitt zu Abschnitt lesen, aber lesen Sie es unter allen Umständen zu Ende.

Die fünf Zonen

Es gibt fünf unterschiedliche Herzfrequenz-Trainingszonen für fünf verschiedene Intensitätsstufen. Jede dieser Trainingszonen korrespondiert mit verschiedenen metabolischen oder respiratorischen Transport-Mechanismen in Ihrem Körper. All diese Zonen können mit Hilfe Ihres Herzfrequenzmeßgerätes aufgespürt werden; ihre Werte sind wie folgt:

Die Gesundheitszone:	50 bis 60 % derMHF
Die Fettverbrennungszone:	60 bis 70 % der MHF
Die aerobe Zone:	70 bis 80 % der MHF
Die anaerobe Schwellenzone:	80 bis 90 % der MHF
Die Warn-Zone:	90 bis 100 % derMHF

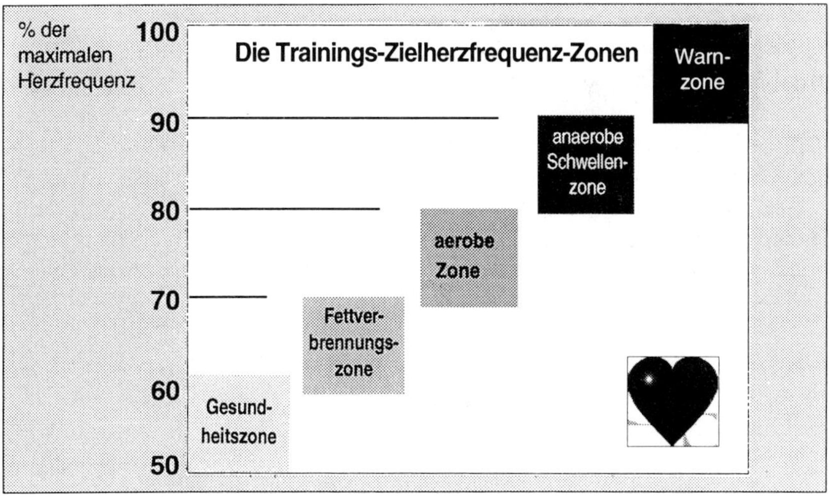

Sie müssen weiterlesen, um zu lernen, wie man ausrechnet, wieviel Zeit man in jeder dieser fünf Trainingszonen verbringen muß, um die persönlichen Fitneß-Ziele zu erreichen. Ob Sie trainieren, um Gewicht zu verlieren oder um Spitzenleistungen zu erreichen, diese Trainingszonen werden entscheidend für Ihren Erfolg sein.

Jede dieser fünf Zielherzfrequenzzonen muß vollkommen verstanden sein, bevor Sie in der Lage sind, Ihr eigenes Herzfrequenz-Fitneßprogramm zu planen. Um Ihnen dabei zu helfen, werden mit den Erläuterungen zu jeder der unterschiedlichen Zonen eine Tabelle, die die Zone erklärt, und ein Beispiel für eine typische Trainingseinheit innerhalb der betreffenden Zone mitgeliefert.

Die Gesundheitszone

Dies ist vermutlich eine der wichtigsten Trainingszonen und dennoch eine der am wenigsten geschätzten; wenig beachtet wird sie vor allem von Anfängern, die der Devise anhängen "Kein Schmerz, kein Erfolg". Vielen wurde suggeriert, daß der Hauptnutzen von sportlicher Aktivität der Erwerb von Kraft und Schnelligkeit ist. Auch wenn Ihr Ziel nicht darin besteht, eine Meile unter vier Minuten zu laufen, wird das Training in der Gesundheitszone die Basis für eine Steigerung Ihrer Schnelligkeit und Kraft sein. Des weiteren wird das Herz-Kreislauf-System gestärkt, was zum Wohlbefinden beiträgt. Die Gesundheitszone ist die Zone, in der lange, langsame Ausdauerbelastungen eine wichtige Rolle spielen.

Ein anderer Grund dafür, daß die Gesundheitszone gebührend respektiert werden sollte, ist der leistungsphysiologische Begriff "Fitneß-Basis". Die Ihrer Gesundheitszone entsprechende Herzfrequenzzone (50 bis 60% der MHF) ist zufälligerweise auch die Herzfrequenz, mit der diejenigen trainieren, die mit einem Trainingsprogramm beginnen und bis zu diesem Zeitpunkt inaktiv waren, in einem extrem schlechten konditionellen Zustand sind oder sich nach einer Erkrankung einem Rehabilitationsprogramm unterziehen müssen. Was die Belastung angeht, sollte das Training in der Gesundheitszone sehr entspannt und leicht sein.

Ein Beispiel für die Gesundheitszone sieht in Tabellenform folgendermaßen aus:

Trainingsintensitätszone (% der MHF)	Maximale Herzfrequenz										
	150	155	160	165	170	175	180	185	190	195	200
Gesundheitszone (50% - 60%)	75 to 90	78 to 93	80 to 96	83 to 99	85 to 102	88 to 105	90 to 108	93 to 111	95 to 114	98 to 117	100 to 120

Es ist relativ leicht, die Gesundheitszone zu finden. Wenn Sie Ihre MHF kennen, müssen Sie diesen Wert mit 50% multiplizieren, um den unteren Wert der Zone zu erhalten, und mit 60%, um den hohen Wert zu erhalten. Die mathematische Formel sieht folgendermaßen aus:

Gesundheitszonen-Herzfrequenzen:
MHF ______x 0,50 =____ Schläge/min
MHF ______x 0,60 =____ Schläge/min
Gesundheitszone: __________bis ______ Schläge/min

Im folgenden finden Sie ein Beispiel für ein typisches, die Gesundheitszone beanspruchendes Trainingsprogramm:

Gehen: 60 Minuten Gehen

Hierbei handelt es sich um eine kontinuierliche Wanderung von 60 Minuten Dauer. Falls nötig, verlangsamen Sie das Tempo, um Ihre Herzfrequenz zu senken. Wichtig ist, daß Sie nicht unter oder über der Gesundheitszone trainieren. Achten Sie zunächst darauf, daß die Strecke, auf der Sie trainieren, flach ist; ein vermessener Kurs, wie z.B. eine Laufbahn, ist am besten, denn Sie müssen Ihre Leistungssteigerung festhalten und nachvollziehen können. Programmieren Sie Ihr Herzfrequenzmeßgerät mit der Herzober- und -untergrenze für Ihre Gesundheitszone. Wenn Sie Ihr Herzfrequenzmeßgerät piepsen hören, reagieren Sie, indem Sie Ihr Tempo entweder steigern oder verlangsamen. Merken Sie sich, daß Sie sofort reagieren müssen, wenn der Alarm anzeigt, daß Sie sich außerhalb Ihrer Trainingszone befinden. Dieser Alarmton ist wie die Stimme eines Trainers, der Sie auffordert, entweder langsamer oder schneller zu gehen.

Trainieren in der Gesundheitszone macht Spaß und ist ganz einfach.

Fettverbrennungszone

Die Fettverbrennungszone reicht von 60 bis 70% Ihrer MHF. Ein Training mit der dieser Zone entsprechenden Intensität wird Ihr Herz kräftigen und gibt Ihnen die Möglichkeit, im optimalen Fettverbrennungsbereich zu trainieren.

Sie werden Ihre Körperkonturen verbessern, denn die Kalorien, die Sie in dieser Trainingszone verbrennen, entstammen vorwiegend Ihrem Körperfett und nicht den Kohlehydraten. Natürlich bedarf es zuerst einer Anpassung des Körpers, der den optimalen Fettstoffwechsel erlernen muß. Also werden Sie nicht ungeduldig.

Die Fettverbrennungszone ist auch unter dem Namen "aerobe Fitneß-Schwelle" bekannt, denn von diesem Punkt an beginnt Ihr Körper, die positiven Effekte aeroben Trainings zu ernten. Dies ist die Trainingszone, die Ihr Herz ausreichend belastet, damit es stärker und in die Lage versetzt wird, ein kontinuierliches Ausdauertraining durchzustehen. Je länger Sie das Training zeitlich ausbauen können, um so effektiver wird es.

Ihre Fettverbrennungszone wird folgendermaßen bestimmt: Wenn Sie Ihre MHF kennen, müssen Sie sie mit 60% multiplizieren, um die Untergrenze, und mit 70%, um die Obergrenze zu erhalten. Die mathematische Formel sieht folgendermaßen aus:

Fettverbrennungszone:

MHF ______x 0,60 = __ Schläge/min
MHF ______x 0,70 = __ Schläge/min

Fettverbrennungszone: __________bis ______ Schläge/min

Ein Beispiel aus diesem Trainingsbereich sieht in Tabellenform folgendermaßen aus:

Trainings-intensitäts-zone (% der MHF)	Maximale Herzfrequenz										
	150	155	160	165	170	175	180	185	190	195	200
Fettverbrennungszone (60% - 70%)	90 to 105	93 to 109	96 to 112	99 to 116	102 to 119	105 to 123	108 to 126	111 to 130	114 to 133	117 to 137	120 to 140

Im folgenden finden Sie ein Beispiel für ein typisches, die Fettverbrennungszone beanspruchendes Trainingsprogramm:

Radfahren: Trainingsfahrt

Beginnen Sie mit einem lockeren fünfminütigen Aufwärmen. Fahren Sie während dieser ersten fünf Minuten leicht und schnell in einem kleinen Gang. Dies soll dazu dienen, Ihre Herzfrequenz nahe an Ihre Fettverbrennungszone heranzubringen. Fixieren Sie sich auf ein bestimmtes Tempo, wenn Sie einen Radcomputer besitzen, oder fühlen Sie sich in ein gleichmäßiges Tempo ein, und versuchen Sie, dieses Tempo zwischen dem oberen und unteren Bereich der Zone zu halten. Sie können nun Ihre Trainingsfahrt je nach Leistungsstand oder Lust und Laune im Zielbereich durchfahren. Wichtig ist, daß die Belastungsdauer mindestens zwischen 30 und 60 Minuten konstant gehalten wird. Eine andere Variante wäre, nach der Aufwärmphase das Tempo im oberen Bereich Ihrer Fettverbrennungszone fünf Minuten lang zu halten. Verlangsamen Sie dann Ihr Tempo, bis Sie sich im Bereich des niedrigsten Werts dieser Zone befinden, und fahren Sie weitere fünf Minuten. Dies ist ein Beispiel für ein Auf-und-Ab-Trainingsprogramm, bei dem Sie die Herzfrequenzintensität und das Tempo während alternierender Ruhe- und Trainingsintervalle variieren. Sie können die Phasen so oft wiederholen, wie Sie wollen. Um einen optimalen Nutzen aus der Fettverbrennungszone zu ziehen, empfehle ich, diesem Training 30 bis 60 Minuten zu widmen.

Die aerobe Zone

Ein Training innerhalb der aeroben Zone bedeutet nicht nur positive Auswirkungen für Ihr Herz, sondern auch für Ihr "respiratorisches" oder Atmungssystem (die andere Hälfte der "kardiorespiratorischen" Gleichung). Ein Training Ihres respiratorischen Systems verbessert Ihre Ausdauer. Wenn Sie innerhalb dieser Zone trainieren, verbessern Sie Ihre aerobe Kapazität, die Fähigkeit, Sauerstoff zu den sportspezifischen Muskeln zu transportieren und Kohlendioxid abzutransportieren. Die aerobe Zone ist die Standard-Trainingszone, die seit Jahren die "Zielherzfrequenzzone" genannt wird, die jedoch besser die "aerobe Zielherzfrequenzzone" genannt werden sollte, denn sie ist nur eine der fünf Zielherzfrequenzzonen.

Im Bereich von 70 bis 80% Ihrer MHF werden sowohl Ihre Trainingszeiten als auch Ihr Krafteinsatz nach einigen Wochen sinken. Wenn Sie z.B. jetzt in der Lage sind, eine Meile in diesem Herzfrequenzbereich in 10 Minuten zu joggen, sollten Sie innerhalb weniger Wochen imstande sein, die gleiche Distanz in kürzerer Zeit in der gleichen aeroben Zielzone zu laufen. Diese Verbesserung wird "Trainingseffekt" genannt.

Wenn Sie also trainieren, um Ihre aerobe Kapazität zu verbessern, ist dies Ihre primäre Trainingszone. Wenn Sie gebeten würden, die Intensität dieser Belastungsstufe zu beschreiben, würden Sie sagen, daß sie “ziemlich hart” wäre, und das ist tatsächlich das, was Sie empfinden. Im Bereich dieser Herzfrequenzintensität werden Sie einige der Beschwerden dieses Trainingsplans spüren. Es ist keine schmerzende Trainingszone wie die rote Warnzone, aber sie wird Ihren Atem beschleunigen, Sie werden hart arbeiten, und Sie werden spüren, daß Ihr Körper sich anstrengt.

Wenn Sie Ihre MHF kennen, können Sie Ihre aerobe Herzfrequenzzone bestimmen, indem Sie Ihre MHF mit 70% multiplizieren, um die Untergrenze zu erhalten, und mit 80%, um die Obergrenze zu erhalten. Die mathematische Formel sieht folgendermaßen aus:

Aerobe Herzfrequenzen:

MHF ______ x 0,70 = ___ Schläge/min
MHF ______ x 0,80 = ___ Schläge/min

Aerobe Zone: ______ bis _______ Schläge/min

Ein Beispiel dieser aeroben Zielherzfrequenzzone sieht in Tabellenform folgendermaßen aus:

Trainings-intensitäts-zone (% der MHF)	**Maximale Herzfrequenz**										
	150	155	160	165	170	175	180	185	190	195	200
aerobe Zone (70% - 80%)	105 to 120	109 to 124	112 to 128	116 to 132	119 to 136	123 to 140	126 to 144	130 to 148	133 to 152	137 to 156	140 to 160

Der Nutzeffekt eines Trainings in der aeroben Herzfrequenzzone ist enorm. Sicherlich verbrennen Sie einen höheren Prozentsatz von Kohlenhydraten als Fette, aber Sie kräftigen auch Ihr Herz und Ihre Lunge durch die höheren Belastungsanforderungen. Wenn Sie ausdauernder, schneller und stärker werden wollen, müssen Sie auch in der aeroben Herzfrequenzzone trainieren.

Olympia-Sieger und Europameister Dieter Baumann

Im folgenden finden Sie ein Beispiel einer Schwimmtrainingseinheit in der aeroben Zone:

Schwimmen: Überdistanz-Schwimmen

Dies ist eine perfekte Überdistanz-Trainingseinheit in langsamerem Tempo als Renntempo. Stellen Sie die Untergrenze auf Ihrem Herzfrequenzmeßgerät auf 70% ein und die Obergrenze auf 80%. Es sollte sich um eine etwa 30 Minuten lange entspannte Schwimmeinheit in kontinuierlichem Tempo in einem Pool oder See handeln.* Mit der Zeit sollten Sie sich so gut an dieses Tempo gewöhnen, daß Sie den Alarm, der das Unter- oder Überschreiten der Zonengrenzen anzeigen soll, nie zu hören bekommen.

*Anmerkung: Es wird zwar garantiert, daß wasserfeste Herzfrequenzmeßgeräte durch Wasser nicht beschädigt werden, aber es wird nicht garantiert, daß sie in allen Wasserarten funktionieren. So führt z.B. die hohe Leitfähigkeit von Salzwasser und chemisch behandeltem Wasser dazu, daß das Signal des Senders abgelenkt wird und den Empfänger nicht erreicht. Kurz gesagt: Für das Schwimmen im Ozean ist Ihr Herzfrequenzmeßgerät nicht geeignet.

Die aerob-anaerobe Übergangszone

In dieser Zone trainieren Sie nahe dem Punkt, wo das aerobe Training in anaerobes Training übergeht. An irgendeinem Punkt innerhalb dieser Zone, zwischen 80 und 90% Ihrer MHF, trainieren Sie an oder im Bereich Ihrer anaeroben Schwelle. Wenn Sie in diesem Bereich trainieren, ist der primäre Trainingseffekt die Steigerung der Fähigkeit Ihres Körpers, Milchsäure zu verstoffwechseln. Diese Fähigkeit ermöglicht es Ihnen, härter zu trainieren, ohne übermäßig Laktat zu bilden und eine Sauerstoffschuld einzugehen, was schmerzhaft sein kann.

Wenn Sie aufgefordert würden, die Intensität dieser Trainingsstufe zu beschreiben, würden Sie sagen, daß das Training "hart" war. Sie werden die Schmerzen spüren, die ein hartes Training mit sich bringt - erschöpfte Muskeln, schwere Atmung und Müdigkeit. Wenn Sie dieses Training aber trotzdem beibehalten, wird es zu einer Trainingsanpassung kommen, und Sie werden in der Lage sein, mehr Arbeit über längere Zeit bei niedrigeren Herzfrequenzstufen durchzuhalten.

Sie können Ihre eigene anaerobe Trainingszone bestimmen, indem Sie Ihre MHF mit 80% multiplizieren, um die Untergrenze zu erhalten, und mit 90%, um die Obergrenze zu erhalten. Die mathematische Formel sieht folgendermaßen aus:

Herzfrequenzen im Bereich der anaeroben Schwelle:
MHF ______ x 0,80 = ___ Schläge/min
MHF ______ x 0,90 = ___ Schläge/min
Anaerobe Zone: ______ bis _______ Schläge/min

Ein Beispiel dieser anaeroben Zielherzfrequenzzone sieht in Tabellenform folgendermaßen aus:

Trainings-intensitätszone (% der MHF)	Maximale Herzfrequenz 150	155	160	165	170	175	180	185	190	195	200
anaerobe Zone (80% - 90%)	120 to 135	124 to 140	128 to 144	132 to 149	136 to 153	140 to 158	144 to 162	148 to 167	152 to 171	156 to 176	160 to 180

Der Nutzeffekt eines Trainings in der anaeroben Zielherzfrequenzzone betrifft vor allem die, die an einem Hochleistungstraining interessiert sind. Wenn Sie nur fit sein wollen, brauchen Sie nie in dieser Zone zu trainieren.

Im folgenden finden Sie ein Beispiel für ein typisches Trainingsprogramm im Bereich der anaeroben Schwelle für einen Läufer, der sich auf ein Rennen vorbereitet.

Laufen: Das 10-km-Renntempo - "Auf und ab im Bereich der Laktatschwelle"

Dieses Training zielt darauf ab, Ihre anaerobe Schwellen-(AS-)Herzfrequenz nach oben zu verschieben. Ihr 10-km-Renntempo ist etwas höher als Ihre AS. Daher trägt ein Training in diesem Tempo dazu bei, Ihre AS-Herzfrequenz auf ein höheres Niveau zu heben.

Ich stelle die Obergrenze meines Herzfrequenzmeßgerätes zunächst auf eine Herzfrequenz ein, die charakteristisch für meine 10-km-Rennen ist; die untere Grenze stelle ich 12 Schläge/min tiefer als die Obergrenze ein. In meinem Fall ertönt der Obergrenzen-Alarm bei einer Herzfrequenz von 183 pro Minute und der Untergrenzen-Alarm bei einer Herzfrequenz von 171 pro Minute. [Hinweis des Herausgebers: Da die Trainingszonengrenzen der meisten Herzfrequenzmeßgeräte nur in 5-Schläge/min-Steigerungsraten eingestellt werden können, werden Sie wahrscheinlich an Stelle einer 12-Schläge/min-Trainingszone einen Bereich von 10 oder 15 Schläge/min einstellen und auf dieser Basis entsprechend trainieren.]

Nach einem leichten, zehnminütigen Aufwärmen durch Joggen steigere ich mein Trainingstempo, so daß der untere Alarm aufhört zu piepsen, und ich laufe dann einige Minuten lang einigermaßen locker mit einer Herzfrequenz von 172 bis 175. Danach werde ich allmählich schneller, bis der obere Alarm ertönt. An diesem Punkt verlangsame ich allmählich mein Tempo, bis der untere Alarm wieder ertönt. Der Rest der Trainingseinheit besteht in einem Hin- und Herbewegen zwischen diesen oberen und unteren Grenzen (ich widme jedem Auf- oder Abstieg etwa zwei Minuten).

Ich nenne diese Trainingseinheit das "Laktat-Schwellen(LS)-Auf-und-Ab", weil die eigentliche Laktatschwellen-Laufgeschwindigkeit

Während einer Auf-und-Ab-Lauftrainingseinheit brauchen Sie Ihr Herzfrequenzmeßgerät nicht im Auge zu behalten. Der Alarm wird ertönen, wenn Sie sich über oder unter den voreingestellten Zonen befinden.

eines Läufers normalerweise einer konkreten Herzfrequenz innerhalb dieser zwölf Schläge umfassenden Herzfrequenzzone entspricht. Die Trainingseinheit aktiviert die verschiedenen Arten der Fasern Ihrer Beinmuskeln - ST-, FT-A- und FT-B-Fasern - und hat einen sehr positiven Einfluß auf die Laktatschwelle und VO_{2max} (maximale aerobe Kapazität).

Das Auf-und-Ab ist eine effektive Trainingseinheit, weil es die Läufer auch zwingt, genau *die* Nerv-Muskel-Koordinationsmuster auszubilden, die für eine herausragende Leistung über 10 km wichtig sind.

Das LS-Auf-und-Ab stellt zwar ein intensives Training dar, ist andererseits aber auch entspannend. Zum einen brauchen Sie sich über Ihre Laufgeschwindigkeit keine allzu großen Sorgen zu machen; wenn Sie Ihre Herzfrequenz innerhalb der zwölf Schläge umfassenden Zone halten, können Sie sicher sein, eine effektive Trainingseinheit zu absolvieren. Wenn Sie das Auf-und-Ab-Training absolvieren, können Sie entspannen und sich völlig auf einen guten Laufstil und die Tempoanpassung konzentrieren - den Rest erledigt der Alarm des Herzfrequenzmeßgerätes.

Unerfahrene Sportler sollten bei ihrer ersten Trainingseinheit etwa 6 bis 8 Minuten innerhalb der Auf-und-Ab-Zone bleiben, während sich erfahrene Läufer oft 20 bis 25 Minuten in dieser Zone aufhalten. An das Auf-und-Ab-Training schließt sich stets ein gutes Auslaufen an. Das Auf-und-Ab-Training können Sie ohne weiteres an Ihrem bevorzugten Trainingsort absolvieren. Ein letzter Punkt: Benutzen Sie für die obere Herzfrequenzgrenze nie 10-km-Herzfrequenzen aus Rennen unter extremen Bedingungen, wie Hitze, hohe Luftfeuchtigkeit oder Wind, es sei denn, Sie absolvieren Ihr gesamtes Training unter derartigen Bedingungen.

Die rote Warnzone

Das dieser Zone entsprechende Training ist das Training mit der höchsten Intensität. Sie sollten nur in dieser Zone trainieren, wenn Sie extrem fit sind. Wenn Sie sich in der roten Warnzone befinden, haben Sie die anaerobe Schwelle überschritten, und Sie gehen eine Sauerstoffschuld ein. Das bedeutet, daß Ihre Muskeln mehr Sauerstoff verbrauchen, als Ihr Körper zur Verfügung stellen kann. Das ist o.k., denn Sie werden sich daran erinnern, daß Muskeln nach dem "Arbeite-jetzt-bezahle-später"-Prinzip arbeiten.

Per Definition entspricht die rote Warnzone 90 bis 100% Ihrer MHF. Das bedeutet, Gas zu geben und für kurze Zeitabschnitte so schnell zu laufen wie nur möglich. Sie trainieren auf diese Weise den Stoffwechsel Ihrer FT-Muskelfasern, also nicht Ihre Ausdauer. Dies ist ein extrem schwieriges Training und sollte nur von Sportlern durchgeführt werden, die nach Höchstleistungen streben.

Wenn man Sie fragen würde, wie Sie sich während des Trainings in der roten Warnzone fühlen, würde die Antwort sehr bunt sein, voller Kraftausdrücke, die wahrscheinlich nicht druckbar sind. In dieser Zone verkrampfen Sie, Sie atmen in kurzen Zügen mit höchstmöglicher Frequenz. Sie glauben, nicht genug Sauerstoff zu bekommen, und haben das Gefühl, Ihr Herz würde so hart arbeiten, daß es förmlich aus Ihrer Brust zu springen drohe. Mit anderen Worten, es handelt sich um ein Training im äußersten Maximalbereich.

Wenn Sie Ihre MHF kennen, multiplizieren Sie sie mit 90%, um die Untergrenze zu erhalten, und mit 100%, um die Obergrenze der roten Warnzone zu erhalten. Der hohe Wert wird die höchste Ziffer sein, die Sie je auf Ihrem Herzfrequenzmeßgerät gesehen haben.

Die mathematische Formel sieht folgendermaßen aus:

Der roten Warnzone entsprechende Herzfrequenzen:

MHF ______ x 0.90 = ___ Schläge/min
MHF ______ x 1.00 = ___ Schläge/min

Rote Warnzone: ______ bis _______ Schläge/min

Ein Beispiel dieser anaeroben Zielherzfrequenzzone sieht in Tabellenform folgendermaßen aus:

Trainings-intensitäts-zone (% der MHF)	Maximale Herzfrequenz										
	150	155	160	165	170	175	180	185	190	195	200
Warnzone (90% - 100%)	135 to 150	140 to 155	144 to 160	149 to 165	153 to 170	158 to 175	162 to 180	167 to 185	171 to 190	176 to 195	180 to 200

Die der roten Warnzone entsprechende Zielherzfrequenzzone ist eine ganz besondere Zone. Es handelt sich nicht um einen Trainingsbereich, in dem man sich häufig aufhalten sollte, und wenn, dann nur mit großer Vorsicht. Wenn Sie zuviel Zeit in dieser schmerzenden, aber gleichzeitig auch sehr effektiven Zone verbringen, setzen Sie sehr viel aufs Spiel, denn es handelt sich um eine extreme Gefahrenzone. Dies ist der Trainingsbereich, der häufig zu Verletzungen durch Überlastung führt. Die rote Warnzone ist nichts für schwache Herzen, sondern vielmehr für diejenigen, die extensiv trainiert haben, die über praktisches Wissen in bezug auf die Prinzipien des Hochleistungstrainings verfügen und innerhalb einer Trainingsperiode viel schneller laufen wollen.

Ein Beispiel für ein typisches Trainingsprogramm mit Herzfrequenzen im Bereich der roten Warnzone für Skilangläufer finden Sie im folgenden:

Skilanglauf: das 5-km-Renntempo

Sie können Ihre AS-Herzfrequenz etwas weniger als eine Stunde beibehalten. Sie trainieren über dem AS-Niveau, unterteilen die Trainingseinheit in mehrere 5-km-Intervalle und trainieren dann unmittelbar unterhalb Ihres 5-km-Renntempos. Ihr 5-km-Renntempo ist gleichbedeutend mit einem Training 5 oder 10% unterhalb Ihrer MHF. Wenn Sie im Skilanglauf schnell werden wollen, müssen Sie in hohem Tempo trainieren.

Überblick:
Ihre fünf Herzfrequenz-Trainingszonen im Überblick

Sie haben es geschafft! Sie kennen nun die fünf Zielherzfrequenzzonen und können sie auf Ihre persönlichen Bedürfnisse anwenden. Sie MÜSSEN sich dazu Zeit nehmen. Der nächste Schritt wird sein, daß Sie die Informationen über Ihre Trainingszonen in ein durch ein Herzfrequenzmeßgerät gesteuertes Fitneßprogramm einbauen. Dies wird in den folgenden Kapiteln weiter erläutert werden. Zunächst müssen Sie erst einmal realisieren, daß die Entwicklung eines gesunden Herzens, der Verlust einiger Pfunde oder das Steigern Ihrer aeroben Kapazität ein Training auf spezifischen, kontrollierten Stufen erfordert. Wenn Sie erst einmal die Dynamik dieser Stufen verstanden haben, werden Sie imstande sein, Ihr Trainingsprogramm so auszurichten, daß Sie Ihr Ziel sicherer, effizienter und in kürzerer Zeit erlangen.

Um Ihnen zu helfen, all die Informationen, mit denen ich Sie bombardiert habe, zu ordnen, habe ich auf der nächsten Seite eine Überblickstabelle zusammengestellt:

Einige meiner Freunde haben sich darüber beklagt, daß dieses Buch zuviel Mathematik enthält. Ich verstehe sie. Aber um ein Herzfrequenzmeßgerät effektiv zu nutzen, müssen Sie die Werte für Ihre individuellen Herzfrequenzen kennen. Sie müssen sie irgendwo aufhängen. Wenn Sie also eine aerobe Trainingseinheit absolvieren wollen, können Sie Ihr Herzfrequenzmeßgerät mit Ihrer individuellen aeroben Trainingszone programmieren. Ich habe die folgende Tabelle für den Trainingseinsatz zusammengestellt. Fotokopieren Sie sie und hängen Sie sie auf, so daß Sie sich Ihrer individuellen Zonen stets bewußt sind.

Ein gesundes Herz ist es wert, daß man einige Zeit mit einem Taschenrechner und einem Blatt Papier verbringt; oder glauben Sie etwa nicht?

DIE FÜNF TRAININGSHERZFREQUENZZONEN - ÜBERBLICK

Herzfrequenzzone	% MHF	% VO_{2max}	Dauer der Trainingseinheit	Trainiertes System	Max. Tempo	Begriff für die Zone
Gesundheitszone	50%-60%	bis zu 50%	60+ Min.	Kardio-respira-torisch	Gehen/ Marschieren	Lockeres Tempo
Fettverbrennungszone	60%-70%	50%-60%	30+ Min.	Metabolische Brennstoff-verwertung	Marathon	Grundlagen-arbeit
Aerobe Zone	70%-80%	60%-75%	8-30 Min.	Aerob	10 km	Tempo
Anaerobe Zone	80%-90%	75%-85%	5-8 Min.	Laktat-abbau	3-5 km	Lang
Warnzone	90%-100%	85%-100%	1-5 Min.	Anaerob	800-1.500 m	Kurz

Die fünf Trainingsherzfrequenzzonen

Datum:
Ihr Name:

	Niedrige HF	Hohe HF
1. GESUNDHEITSZONE 50%-60% MHF	_____ Schläge/min bis	_____Schläge/min
2. FETTVERBRENNUNGSZONE: 60%-70% MHF	_____ Schläge/min bis	_____Schläge/min
3. AEROBE ZONE: 70%-80% MHF	_____ Schläge/min bis	_____Schläge/min
4. ANAEROBE SCHWELLENZONE: 80%-90% MHF	_____ Schläge/min bis	_____Schläge/min
5. ROTE WARNZONE: 90%-100% MHF	_____ Schläge/min bis	_____Schläge/min

Erfahrungsbericht

Schätzung Ihrer anaeroben Schwelle

Rob Sleamaker, M.S.

Im Ausdauertraining ist ein von mir angestrebtes Ziel, dem Sportler beizubringen, effektiv zu trainieren. Die beste Methode, effektiv zu trainieren, ist, die Intensität jeder Trainingszone so zu variieren, daß die unterschiedlichen Energiesysteme belastet werden und jede Trainingsart entsprechende physiologische Anpassungen hervorruft. Ich glaube, daß es wichtig ist, intelligenter zu trainieren, d.h. hart zu trainieren, wenn der Plan dies fordert, und locker zu trainieren, wenn der Plan eine derartige Belastung verlangt. Ich habe festgestellt, daß das harte, hochintensive Training eine besondere Herausforderung für Sportler darstellt und zu den meisten Fragen Anlaß gibt, wie z.B.:

> "Mit welcher Herzfrequenz soll ich das Intervalltraining absolvieren?"

"Wie kann ich herausfinden, ob ich mich im Bereich meiner anaeroben Schwelle befinde?"

"Welches Tempo soll ich einschlagen, um meine anaerobe Schwelle zu verbessern?"

Diese Fragen sind sehr wohl begründet und sind einige Antworten wert.

Da die meisten von uns keinen Zugang zu technisch hochausgerüsteten Physiologie-Labors haben, müssen wir uns auf andere Mittel verlassen, um unsere Trainingsintensitätszonen zu "bestimmen". Meiner Erfahrung nach gibt es drei Variablen, die wir benutzen können, um die Belastungsintensität zu bestimmen. Diese drei Variablen sind: 1) die tatsächliche Herzfrequenz, 2) das subjektive Belastungsgefühl oder die wahrgenommene Belastung und 3) das aktuelle Tempo oder die Zeit über eine vorgegebene Strecke. Es ist sehr nützlich für Sportler, die Fähigkeit zu entwickeln, eine Beziehung herzustellen zwischen den drei unterschiedlichen, aber dennoch miteinander in Zusammenhang stehenden Variablen, die mit den Trainingsintensitätsstufen assoziiert sind.

Intervalle, Hügel, Schnelligkeitsarbeit, Zeitkontrolläufe, Renntempo, Wiederholungen - all diese Begriffe können verwandt werden, um das hochintensive Training zu beschreiben, mit dem die Fähigkeit des Körpers, die für Rennstrecken höchstmögliche Geschwindigkeit lange Zeit aufrechtzuerhalten, verbessert werden soll. Wenn Sie Ihr Herzfrequenz messen, werden Sie herausfinden, daß dieses Training zwischen 80 und 95% Ihrer maximalen Herzfrequenz stattfindet. Ihr subjektives Gefühl, das auf einer Skala von 1 bis 10 (wobei 10 für Erschöpfung steht) repräsentiert ist, würde zwischen 7 und 9 liegen. Schnelligkeit in Form von Kilometern pro Stunde, Minuten pro Kilometer oder Meter pro Sekunde würde je nach Individuum dem Grad der Fitneß, der biomechanischen Effizienz etc. variieren. Ich habe festgestellt, daß der Sportler all diese Parameter nutzen kann, um seine Effizienz, seine anaerobe Schwelle und seine Fähigkeit, das für eine bestimmte Renndistanz notwendige höchste Renntempo durchzuhalten, zu verbessern, und ich schlage vor, daß Sportler den folgenden Test absolvieren, um das Ziel eines maximal effektiven Trainings zu erreichen:

Der Test: anaerober Schwellentest

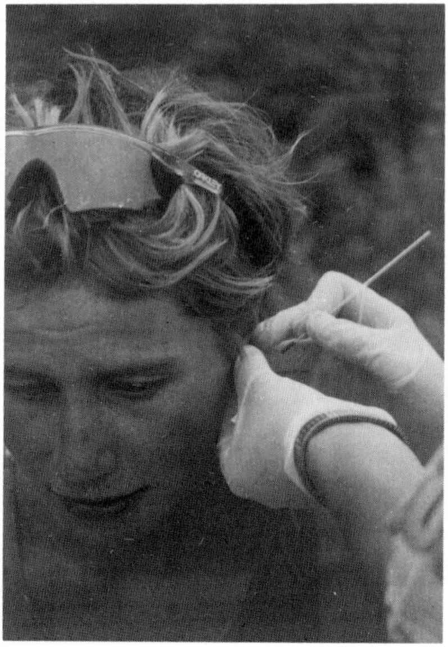

Zweck: Testen der anaeroben Schwelle und Verwendung und Anpassung der Intensitätsstufen im Training.

Ausrüstung: ein zuverlässiges Herzfrequenzmeßgerät, eine Stoppuhr und ein Leistungsbuch, in das Sie das Datum, die Strecke, Zeit und die durchschnittliche Herzfrequenz sowie das subjektive Gefühl während der Belastung eintragen können.

Sonja Krolik im Test

Testprotokoll:

1) Wählen Sie einen Ort aus, der Ihnen auch in Zukunft jederzeit für den Test zur Verfügung steht. Es könnte sich hierbei um ein gerne gelaufenes Straßenstück handeln, eine Laufbahn, Ihr örtliches Schwimmbad etc. Die Streckenlängen können von Athlet zu Athlet variieren, aber wenn Sie sich einmal an eine Strecke gewöhnt haben, müssen Sie in den folgenden Monaten bei jedem Test, den Sie absolvieren, bei dieser Strecke und der betreffenden Länge bleiben. Ideal ist, wenn Sie Ihre Strecke mit Kilometerangaben versehen können. Wählen Sie eine Strecke, für deren Bewältigung Sie 15 bis 30 Minuten brauchen, z.B. fürs Laufen 5 km, fürs Radfahren 20 km und fürs Schwimmen 1000 m.

2) Wärmen Sie sich vor Testbeginn 15 Minuten mit niedriger Intensität auf.

3) Legen Sie die Teststrecke in einem Tempo zurück, das das schnellste ist, welches Sie ohne Geschwindigkeitsverlust über lange Zeit halten können. Die Herzfrequenz sollte sich innerhalb

von fünf Minuten stabilisieren. Starten Sie Ihre Stoppuhr, wenn Sie mit dem Test beginnen, und halten Sie die Endzeit, die Sie für die Strecke gebraucht haben, fest. Die erreichte und beibehaltene Herzfrequenz ist die Herzfrequenz im Bereich Ihrer anaeroben Schwelle. Machen Sie sich auch eine Notiz hinsichtlich Ihres subjektiven Belastungsgefühls während des Tests.

4) Wärmen Sie sich nach Testende ab, und führen Sie einige Dehnübungen aus.

Testhäufigkeit: Absolvieren Sie diesen Test für jeden Sport, den Sie betreiben, einmal im Monat. Wenn Sie Triathlet sind, absolvieren Sie den Radtest in der ersten Woche, den Lauftest in der nächsten und den Schwimmtest in der dritten Woche. Es ist wichtig, daß Sie diesen Test an Stelle einer geplanten Intervall-, Hügelintervall- oder Renntempo-Einheit absolvieren.

Besondere Aspekte: Nehmen Sie sich nach jedem Test ein wenig Zeit, um die Beziehung zwischen Ihrer Herzfrequenz, dem subjektiven Belastungsgefühl und dem während des Tests pro Kilometer durchgehaltenen Tempo zu betrachten. Verwenden Sie diese drei Variablen, um Ihre anaerobe Schwelle, Herzfrequenz und Ihr Tempo feineinzustellen. Absolvieren Sie dann in den folgenden vier Wochen Ihr Intervalltraining, Hügelintervalltraining und Ihre Renntempo-Einheiten 1 bis 10 Herzschläge pro Minute (Schläge/min) niedriger als Ihre Schläge/min im Bereich der anaeroben Schwelle. Sie werden diese Intensität wahrscheinlich nach dem Test des nächsten Monats modifizieren. Stellen Sie diese drei Variablen schließlich fein ein, so daß Sie, wenn nötig, in der Lage sind, sich auf Ihr subjektives Gefühl und Ihr Tempo pro Kilometer mit der gleichen Zuverlässigkeit zu verlassen wie auf Ihre Herzfrequenz.

Rob Sleamaker, M.S., ist Sportphysiologe und Autor des Buches "Systematisches Leistungstraining" im Meyer & Meyer Verlag, Aachen.

Kapitel 7

Für Anfänger

Ein 64jähriger Rentner kaufte sich vor mehr als einem Jahr ein Herzfrequenzmeßgerät. Er las die Gebrauchsanweisung sorgfältig durch und war bereits nach kurzer Zeit in der Lage, seine Trainingszonen in seine Handgelenksanzeige einzuprogrammieren. Das Problem war, daß er nicht wußte, was er als nächsten praktischen Schritt unternehmen sollte.

Ein Herzfrequenzmeßgerät zu gebrauchen, bedeutet wesentlich mehr, als zu wissen, wie man es programmiert. Dieses Kapitel gibt Ihnen eine schrittweise, leicht nachvollziehbare Anleitung, wie Sie Ihr Herzfrequenzmeßgerät einsetzen, nachdem Sie sich mit ihm vertraut gemacht haben.

Schritt 1:
Errechnen Sie jede Ihrer fünf Ziel-Herzfrequenzzonen.

Blättern Sie zurück zu Kapitel 6, wo Ihnen gezeigt wurde, wie Sie Ihre fünf Zielherzfrequenzzonen errechnen: die Gesundheitszone, die Fettverbrennungszone, die aerobe Zone, die anaerobe Zone und die rote Warnzone.

Schritt 2:
Notieren Sie Ihre Ziele.

Sie haben sich entschlossen, ein Herzfrequenzmeßgerät zu benutzen, weil Sie etwas erreichen wollen. Was wollen Sie erreichen? Beantworten Sie die Frage: Warum trainiere oder beabsichtige ich, mit einem Programm zu beginnen? Sie haben vermutlich mehr als ein Ziel, schreiben Sie sie also auf der nächsten Seite auf:

Liste der Ziele

	Angestrebtes Ziel	Umfang	Datum
1.			
2.			
3.			
4.			
5.			

Die meisten Menschen trainieren nicht, weil sie es gerne tun, sondern weil sie damit einen Zweck verfolgen: eine schlankere Figur, die Fähigkeit, Treppen zu steigen, ohne in Atemnot zu gelangen, vielleicht sogar, um sich nach einem Herzinfarkt besser zu erholen oder um ihr Golfspiel zu verbessern. Sie müssen hier spezifisch sein, und Ihre exakten Ziele auflisten; nur aufzuschreiben, "ich möchte etwas Gewicht verlieren", ist nicht spezifisch genug. Wenn Sie Gewicht verlieren wollen, wieviel möchten Sie verlieren? Bis wann? Gehen Sie bei all Ihren Zielen quantitativ vor, und erinnern Sie sich daran, daß die Aufstellung und das Einhalten der Termine der Ziele wichtiger sein kann als die Zielinhalte selbst!

Kontrollieren Sie Ihre Ziele und Ihr Herzfrequenzmeßgerät während des Trainings.

Schritt 3: Schreiben Sie einen Trainingsplan auf.

Hierzu brauchen Sie einen Trainer oder Leistungsphysiologen. Es handelt sich nur um einen täglichen Planer für Ihre Trainingseinheiten, und er sieht folgendermaßen aus (siehe S. 90):

DER PLAN			HF-Einstellung		DAS TRAININGSBUCH		HF-Einstellung			Zusammenfassung
Tag/Datum	Sportarten	Distanz	hoch	niedrig	Sportarten	Distanz	unterhalb	drin	oberhalb	Notizen und Kommentar
Mo **RHF** **Gew.**										
Di **RHF** **Gew.**										
Mi **RHF** **Gew.**										
Do **RHF** **Gew.**										
Fr **RHF** **Gew.**										
Sa **RHF** **Gew.**										
So **RHF** **Gew.**										

PLANZUSAMMENFASSUNG
Gesamtzahl Trainingseinheiten:____
Gesamtzeit:____
Gesamtzeit in der jew. HF-Zone: Warnzone:___
AS-Zone:___ Aerobe Zone:___ Fettverbrennungs-Zone:___ Gesundheits-Zone:___

TRAININGSBUCHZUSAMMENFASSUNG
Gesamtzahl Trainingseinheiten:____
Gesamtzeit:____
Gesamtzeit in der jew. HF-Zone: Warnzone:___
AS-Zone:___ Aerobe Zone:___ Fettverbrennungs-Zone:___ Gesundheits-Zone:___

Wochenziele erreicht
Kommentar________________

Für die meisten Anfänger sind die drei Zieltrainingszonen mit niedriger Intensität die wichtigsten: die Gesundheitszone, die Fettverbrennungszone und die aerobe Zone. Tragen Sie unter der Überschrift "Zielzonentyp" die Zone ein, die Sie an welchen Tagen trainieren wollen. Dann tragen Sie Ihre Zielherzfrequenzen ein, die mit jeder dieser Zonen übereinstimmen muß, und beschreiben Sie, welche Art von Aktivität Sie absolvieren wollen, um Ihre Ziele für diesen Tag zu erreichen. Führen Sie alle Details an, die Ihnen einfallen, d.h. Aufwärmen, Ort und spezifische Haupttrainingseinheit.

Im folgenden finden Sie fünf einfache Regeln für das Ausfüllen Ihres Trainingsplans:

1) Planen Sie ein Minimum von drei bis vier Trainingseinheiten pro Woche.
2) Stellen Sie sicher, daß sich jede Ihrer Trainingseinheiten innerhalb der Zielbereiche bewegen.
3) Vielfalt ist entscheidend. Beginnen Sie mit dem Cross-Training, indem Sie an einem Tag eine Wanderung planen, für den nächsten Tag Schwimmen und für den dritten eine Radtour. Es ist auch schön, Aktivitäten dann zu wiederholen, wenn sie Ihnen passen.
4) Mindestens zwei Trainingseinheiten sollten den Ihrem primären Ziel entsprechenden Typ von Zieltrainingszone betreffen, d.h. Fettverbrennung, falls Sie abnehmen möchten.
5) Planen Sie ein Minimum von 15 Minuten und ein Maximum von 30 bis 60 Minuten für jede Trainingseinheit in der betreffenden Trainingszone.

Schritt 4:
Stellen Sie Ihr Herzfrequenzmeßgerät ein.

Legen Sie Ihr Herzfrequenzmeßgerät an. Programmieren Sie Ihre Trainingsgrenzen und die Zeit/Dauer der Trainingseinheit. Wenn Ihr Gerät eine Erholungsfrequenzfunktion besitzt, programmieren Sie die Erholungsfrequenzfunktion irgendwo zwischen einer und vier Minuten ein. Lesen Sie Kapitel 8 "Wie Sie mit Ihrem Herzfrequenzmeßgerät trainieren" durch, um detailliertere Informationen zu erhalten.

Schritt 5:
Setzen Sie den Plan für den betreffenden Tag in die Tat um.

Die Straße zur Fitneß ist mit guten Vorsätzen gepflastert. Etwas zu planen, ist immer einfacher, als es zu tun. Die Vorteile der Verwendung eines durch ein Herzfrequenzmeßgerät kontrollierten Programms können nur umgesetzt werden, wenn Sie die Trainingseinheiten auch tatsächlich durchführen.

Schritt 6:
Notieren Sie Ihre Trainingseinheiten-Leistungen.

Wir haben Ihnen ein Beispiel einer nützlichen Kombination von einem Planungsführer und einem Trainingsbuch auf der vorangegangenen Seite geliefert. Sie können Sie fotokopieren. Das entscheidende ist, daß es Ihnen hilft, Ihr Training mit dem Herzfrequenzmeßgerät im voraus zu planen und Ihnen dann die Möglichkeit gibt, Ihre Leistungen in das gleiche Buch des leichten Vergleichs wegen einzutragen.

Ich möchte Ihnen ein Beispiel von möglichen Zielen geben:

ZIEL	AKTUELLE DATEN	ZIEL-DATEN	ERREICHT NACH
1. Gewichtsverlust von 3 kg	93 kg	90 kg	4 Wochen
2. Senken der RHF um 5 Schläge/min	65 Schläge/min	60 Schläge/min	5 Wochen
3. Verbesserung der aeroben Kapazität	1,5 km Gehen in 15 min mit einer HF von 130 Schlägen/min	1,5 km Gehen in 14 min mit einer HF von 130 Schlägen/min	4 Wochen
4. Absolvieren meines ersten 5-km-Laufs	Nie zuvor geschafft	Es ist zu schaffen!	8 Wochen

THE PLAN			HRZ Setting		THE LOG		HRZ Setting Summary			
Day / Date	Sports	Dist.	High	Low	Sports	Dist.	Below	In	Above	Notes & Comments
M RHR 63 Wt. 183	WALK	1 mile	130	110	WALK	1 mile	2 min	12 min	1 min	Feel Good - more sleep!
T RHR 63 Wt. 183	WALK	1 mile	130	110	Walk	1 mile	4 min	10 min	1 min	A little sluggish today LAKE was beautiful!
W RHR 63 Wt. 183	walk	1 mile	130	110						meetings & travel
T RHR 63 Wt. 183	walk	1 mile	130	110	Walk	1 mile	1 min	12 min	2 min	feel great! 14 min. mile!
F RHR 63 Wt. 183	Walk	"	"	"	"	"	3 min	10 min	2 min	nice & easy today great weather -
S RHR 63 Wt. 183	"	"	"	"	"	"	2	10	2	Resting heart RAte dropped to 62!
S RHR 63 Wt. 183	"	"	"	"	Tennis	—				110-140 bpm lots of fun! about 45 min.

PLAN SUMMARY Total # Workouts: 7
Total Time: 1:45 HR Zone Time Totals: Red: —
AT: — Aerobic: — Healthy: 1:45 Fat: —

LOG SUMMARY Total # Workouts: 6
Total Time: 2 HR Zone Time Totals: Red: —
AT: — Aerobic: 20 Healthy: 1:30 Fat: 10

Weekly Goals Accomplished
Comments: feeling healthier look out 5K — I'm ready!

Erfahrungsbericht

Multi-Sport-maximale Herzfrequenzunterschiede

Syd Winlock

Als ich zum ersten Mal ein Herzfrequenzmeßgerät trug, benutzte ich die Formeln zur Bestimmung meiner maximalen Herzfrequenz und Trainingszonen-Prozentanteile, und ich stellte fest, daß meine tatsächlichen Normen immer außerhalb der Herzfrequenzzonen lagen. Meine Herzfrequenz war immer höher, als sie es den Formeln zufolge hätte sein müssen. Auch wenn ich bereits mit einer höheren Herzfrequenz als vorausgesagt das Training begann, stieg meine Herzfrequenz schnell noch weiter an, aber dann konnte ich diese Herzfrequenz länger beibehalten als meine Trainingspartner. Ihre Herzfrequenzen stiegen im Laufe der Zeit weiter an, obwohl wir mit dem gleichen Tempo weitertrainierten, und meine Herzfrequenz zeigte wenig oder gar keinen Aufwärtstrend. Die Quintessenz ist also, daß die meisten Leute (80%) die Herzfrequenzformeln angeblich akkurat einsetzen können, daß es aber noch viele Menschen gibt, die aus Gründen der Gesundheit und Sicherheit die Dinge für sich selbst ausrechnen müssen.

Am Hawaii Ironman-Triathlon-Wettkampf 1991 nahm ich mit einem POLAR Vantage XL SPORT TESTER PROFI Herzfrequenzmeßgerät teil, und ich stellte meine Herzfrequenzwerte für den 180 km langen Fahrradabschnitt auf 145 bis 150 Schläge/min und für den Marathonlauf auf 155 bis 160 Schläge/min ein. Ohne das Herzfrequenzmeßgerät hätte ich diesen Wettkampf, der der schwierigste in meinem Leben war, nicht beendet. Eigentlich würde ich gar keine Wettkampfdistanz ohne Herzfrequenzmeßgerät mehr zurücklegen.

Ich war neugierig zu erfahren, ob meine MHF in allen meinen Triathlondisziplinen die gleiche ist. Um meine MHF im Laufen zu bestimmen, absolvierte ich drei Wiederholungsläufe über 1 Meile, wobei ich den ersten im Bereich von 80% meiner MHF, den zweiten bei 90% meiner MHF und den dritten mit vollem Einsatz lief. Ich bestimmte meine Lauf-MHF als 201 Schläge/min, während ich als 33jähriger den altersangepaßten Formeln zufolge eine MHF von 187 Schlägen/min hätte haben müssen. Dies ist ein Fehler von 14 Schlägen/min, zu groß für die Zwecke eines ernsthaften Sportlers.

Syd Winlock, Vizepräsident von FLEET FEET e.V., beim Start zu einer Rad-Trainingseinheit

Auf dem Fahrrad habe ich die Formel als für mich relativ genau erfahren. Ich absolvierte eine Tempofahrt über 16 km, wobei ich nach jeder zurückgelegten Meile in einen höheren Gang schaltete und auf diese Weise eine MHF von 186 Schlägen/min erzielte.

Das MHF Protokoll, das ich beim Schwimmen verfolge, ist wie folgt: Zunächst schwimme ich 500 m, um warm zu werden. Dann absolviere ich einen Hauptsatz von 5 x 50 m, wobei ich nach jedem Intervall die Ruhezeit um 5 Sekunden reduziere, bis ich mich nur noch 10 Sekunden ausruhe. Gleichzeitig steigere ich die Zeit der Belastungsintervalle von 47 Sekunden auf 35 Sekunden. Mit Hilfe dieser Belastungsabfolge bestimmte ich meine MHF beim Schwimmen mit 175 Schlägen/min!

Ich kann Ihnen nicht sagen, warum ein derart großer Unterschied zwischen meiner Schwimm-MHF (175 Schläge/min), Lauf-MHF (201 Schläge/min) und Rad-MHF (186 Schläge/min) besteht - ich weiß nur, daß es bei mir so ist. Ich glaube, es ist wesentlich, daß alle Multi-Sportler für jede Disziplin, die sie betreiben, einen MHF-Test absolvieren und dann ihre Trainingsprozentsätze auf Basis der MHF jeder einzelnen Sportart errechnen.

Eine meiner beliebtesten und fast täglich absolvierten Trainingsaktivitäten ist ein Spiel, das ich "Raten meiner Herzfrequenz" nenne.

Ich sage zu mir selbst: “Jetzt im Moment beträgt meine Herzfrequenz 145 bis 150 Schläge (ich verwende immer einen Bereich).” Ich gewinne, wenn ich mich nur 5 Schläge von dem Wert, den mir mein Herzfrequenzmeßgerät anzeigt, unterscheide, und zur Zeit liege ich in etwa 95% der Fälle richtig. Dieses Spiel dient mir auch als Methode zur Verbesserung meiner Belastungswahrnehmung im Vergleich zur tatsächlichen Belastung. Ich kann jetzt an einem Wettkampf teilnehmen und 2 bis 3 Schläge/min neben meiner Zielherzfrequenz liegen, ohne einen Blick auf mein Herzfrequenzmeßgerät werfen zu müssen. Dieses Training hat mir für Wettkämpfe entscheidend geholfen, weil ich mich jetzt an meine auf der Herzfrequenz basierende Rennstrategie halten kann und nicht an die Strategie eines anderen. Ich habe fast zwei Jahre gebraucht, um das zu entwickeln, was ich meinen “neunten Sinn” nenne, die Fähigkeit, meine Herzfrequenz in ihrer ganzen Spannbreite, von der Ruhe bis zum Maximum, wahrzunehmen und zu kennen, und dafür muß ich meinem Herzfrequenzmeßgerät danken.

Syd Winlock ist Senior-Vizepräsident von FLEET FEET e.V., einem internationalen Franchise-Unternehmen von Sportfachgeschäften. Er ist der regelmäßigste Trainingspartner der Autorin dieses Buches, und zusammen haben sie durch praktischen Einsatz von Herzfrequenzmeßgeräten in ihrem täglichen Training eine große Menge in diesem Buch enthaltenen Informationen gesammelt. Syd beendete den Ironman von 1991 in 13 Stunden.

Kapitel 8

Wie man mit einem Herzfrequenzmeß-gerät trainiert

Meine Beine wirbelten nur so, als ich sah, wie das Display meines Herzfrequenzmeßgerätes auf 175 Schläge pro Minute anstieg und meine Tacho-Anzeige auf 34 Stundenkilometer kletterte. Ich konnte fühlen, wie meine Atemluft in meiner Brust brannte und das Blut in meinen Schläfen pulsierte. “Mein Herz”, dachte ich, “muß denken, ich sei verrückt geworden.” Natürlich hatten meine Lunge, Beine, mein Rücken, meine Knie und Füße das bereits seit langem festgestellt. Ich hörte, wie sie während des längsten meiner Ausdauerwettbewerbe riefen: “Das tut weh. HÖR AUF!!!” Dennoch sind sie im Verlauf der letzten 25 Wettkampfjahre dazu übergegangen, meine Hartnäckigkeit und Ausdauer zu akzeptieren.

Aber nach all diesen Trainingsjahren gab es hier dieses neue Hightech-Spielzeug, dieses Herzfrequenzmeßgerät, das mir sagte, daß ich mich im Maximalbereich befände. Ich im Maximalbereich, in der roten Warnzone? Meine Herzfrequenz befand sich weiterhin bei 175 Schlägen/min, und ich machte weiter. Geist über Körper, dachte ich.

Ich erreichte 180 Schläge/min und dann 182. Meine Hände zitterten, 185 Schläge/min.

Den Kopf gesenkt, die Knie stampfend, kämpfte ich, um das, was mein Herzfrequenzmeßgerät anzeigte, zu widerlegen: “Du trainierst zu hart.”

Der langen Rede kurzer Sinn - es dauerte nicht lange, bis ich aufgab, 30 Sekunden, um genau zu sein. Die restliche Fahrt legte ich mit kontinuierlichen 160 Schlägen/min zurück.

Es geht nicht darum, auf ein elektronisches Gerät, das um Ihr Handgelenk geschnallt ist, zu hören. Es geht darum, auf Ihr Herz zu hören und Ihren Verstand mit Ihrem Körper zu verbinden. Wenn Sie erst einmal imstande sind, Ihren Körper zu kontrollieren und zu verstehen, sind Sie auf dem Weg zu einem effizienten, effektiven Trainingsprogramm.

Einstellen Ihres Herzfrequenzmeßgerätes vor Ihrem Training

Bei den einfachsten wie auch den kompliziertesten Herzfrequenzmeßgeräten gibt es einige grundlegende Konzepte und Techniken, die Sie lernen müssen, um das Maximum aus Ihrem Herzfrequenzmeßgerät und Ihrem Training herauszuholen. Wenn Ihr Gerät nichts anzeigt als Ihre Herzfrequenz, schreiben Sie Ihren Plan für die jeweilige Einheit im Vorfeld auf. Dieser Plan sollte enthalten: eine Ihrer fünf Trainingszonen, Ihre MHF und die Zeit, die Sie in dieser Trainingszone verbringen wollen. Kontrollieren Sie während des Trainings in periodischen Abständen Ihre Handgelenksanzeige und prägen Sie sich Ihre Trainingseinheit ein. Merken Sie sich Ihre Anfangs-Herzfrequenz, Ihre Schluß-Herzfrequenz und Ihre Herzfrequenz nach einer zweiminütigen Erholung. Merken Sie sich auch Ihre Höhen und Tiefen innerhalb spezifischer Trainingszonen (TZ). Eine gute Trainingseinheit haben Sie dann absolviert, wenn Ihr schriftlicher Plan mit Ihrer tatsächlichen Leistung übereinstimmt.

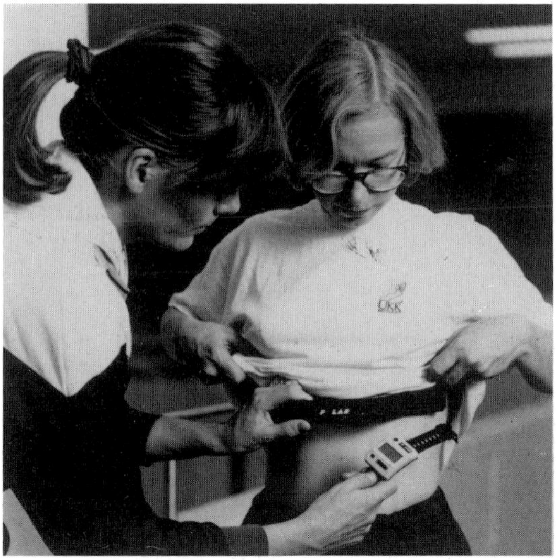

Das Einstellen Ihrer Trainingsherzfrequenzen vor dem Training ist eine Notwendigkeit. Es ist sinnvoll, wenn Ihnen jemand beim ersten Einstellen Ihres Herzfrequenzmeßgerätes hilft.

Der beste Platz zum Niederschreiben Ihrer Trainingsinformation ist Ihr Trainingsbuch oder -planer. Aufgrund der spezifischen Bedürfnisse und Merkmale von Herzfrequenz-Meßgeräte-Trainingsprogrammen haben wir ein spezielles Trainingsbuch für das Aufzeichnen Ihrer Trainingsdaten entwickelt (lesen Sie das vorangegangene Kapitel, wenn Sie mehr Details wissen wollen). Idealerweise sollten Sie im Hinblick auf das Anpassen Ihrer Leistung an Ihren Trainingsplan immer besser werden.

Herzfrequenzmeßgeräte der mittleren Preisklasse stellen Ihnen zahlreiche hilfreiche Funktionen zur Verfügung. Die meisten dieser Modelle sind programmierbar. So können Sie z.B. die Ober- und Untergrenze Ihrer Trainingszone einstellen, d.h. die beiden Herzfrequenzen, zwischen denen sich Ihr Training abspielen soll. Bei Ihrer gesunden Herzintensität ist die Obergrenze Ihrer Trainingszone z.B. bei 70% Ihrer MHF, sagen wir einmal bei 130 Schlägen/min. Wenn Sie zu hart trainieren und Ihr Puls über diesen Wert ansteigt, wird bei jedem Herzschlag ein Alarm ertönen, der Ihnen signalisiert, daß Sie Ihre Trainingsintensität reduzieren müssen. Dies kann besonders hilfreich für diejenigen sein, die dazu neigen, zu hart zu trainieren. Gleichermaßen wird der Alarm Sie zur Steigerung Ihrer Belastung auffordern, wenn Sie nicht hart genug trainieren und Ihre Herzfrequenz auf die Untergrenze Ihrer TZ sinkt.

Moderne Herfrequenzmeßgeräte sind wie kleine Computer. Um eine vollständige Analyse Ihrer Leistung zu erhalten, können Sie die Daten von Ihrem Herzfrequenzmeßgerät in einen beliebigen IBM-kompatiblen PC herunterladen.

Herzfrequenzmeßgeräte der Spitzenklasse bieten eine erstaunliche Vielfalt von Möglichkeiten, so z.B. der POLAR SPORT TESTER PROFI, mit dem Sie eine kontinuierliche Herzfrequenz über mehr als 33 Stunden in acht separaten Dateien speichern können. Wenn Sie acht unterschiedliche Trainingseinheiten speichern wollen, können Sie dies tun, bevor Sie die Information in einen Computer herunterladen oder sie in Ihrem Trainingsbuch per Hand aufzeichnen. Wenn Sie ein Cross-Training absolvieren, ist dieses Merkmal sehr praktisch - Sie können multiple Trainingseinheiten in unterschiedlichen Dateien speichern und diese Information analysieren, wann immer Sie wollen. Um diese Herzfrequenzmeßgeräte optimal zu nutzen, können Sie sich ein Computer-Interface-Paket mit Software kaufen, die eine detaillierte Analyse Ihrer Trainingsinformation leistet. Die Software steht sowohl für Macintosh als auch IBM-PC-Systeme zur Verfügung, und ihre Anwendung ist erstaunlich einfach. Wenn Sie einmal Ihren Handgelenksmonitor auf der Interface-Einheit installiert haben, brauchen Sie nur einen Knopf auf dem Handgelenksmonitor zu drücken, und prompt sehen Sie Ihre gesamte Herzfrequenz-Trainingseinheit auf dem Computer-Bildschirm.

Wenn Sie die Daten heruntergeladen haben, können Sie eine Graphik Ihrer gesamten Trainingseinheit erstellen und für Ihre Aufzeichnungen ausdrucken. Die Software analysiert auch Ihre individuellen aeroben und anaeroben Schwellen (z.B. obere und untere MHF-Prozentanteile) und den Prozentsatz der Zeit, die Sie unterhalb, innerhalb oder oberhalb dieser Grenzen trainieren. Die Software errechnet ferner Ihre durchschnittliche Herzfrequenz - eine meiner Lieblingsfunktionen.

Für ernsthafte Sportler hat es nie eine bessere persönliche Quelle von Trainingsdaten gegeben.

Die Trainingseinheit: Einsatz Ihres Herzfrequenzmeßgerätes

Lassen Sie uns durch eine Trainingseinheit gehen und uns ansehen, wie Sie Ihren Herzfrequenzdatenspeicher verwenden können, damit er Ihnen wichtige Trainingsinformationen gibt.

Stellen Sie zunächst die Parameter der Trainingseinheit ein. Wenn Sie einen Monitor mit diesen Funktionen besitzen, programmieren Sie, wieviel Minuten Sie für das Aufwärmen und wieviele Minuten Sie für das Abwärmen brauchen. Der Signalgeber des Herzfrequenzmeßgerätes wird Ihnen die Dauer dieser Belastungen anzeigen. Nehmen wir an, Sie wollen sich 10% der 60minütigen Trainingseinheit aufwärmen und 10% abwärmen. Sie würden in diesem Fall eine 6minütige Aufwärm- und eine 6minütige Abwärmphase einprogrammieren. Es bleibt Ihnen eine 48minütige Haupttrainingsphase übrig. Wenn Ihr Meßgerät nicht über diese Funktionen verfügt, müssen Sie eine Stoppuhr zur Bestimmung Ihrer Aufwärm-, Haupttrainings- und Abwärmzeit verwenden; diese Phasen sind zu wichtig, um nicht genau gemessen zu werden.

Speichern Sie als nächstes die Zielherzfrequenzgrenzen Ihrer Trainingseinheit ein. Wenn Sie in Ihrer aeroben Trainingszone trainieren und Ihre MHF 175 Schläge/min beträgt, dann besteht Ihre TZ aus der unteren 123- (aufgerundet 125-) Schläge/min-Grenze und der oberen 140-Schläge/min-Grenze.

Nun sehen Sie sich Ihre Trainingseinheit an. Sie können entweder laufen, radfahren, skilaufen etc. in einem gleichmäßigen Tempo, oder Sie können eine Vielfalt von Intervalltrainingseinheiten absolvieren. Wenn Sie ein Intervalltraining durchführen wollen, können Sie Ihr Herzfrequenzmeßgerät so programmieren, daß es in bestimmten Zeitabständen piepst, sagen wir einmal jede Minute. Bei jedem Signal erhöhen Sie entweder Ihre Trainingsintensität bis zu Ihrer Obergrenze (140 Schläge/min) oder senken Ihre Intensität bis zur Untergrenze (125 Schläge/min). Diese Art von Intervalltrainingseinheit erlaubt Ihnen, sich in Ihrem gesamten TZ-Bereich sicher und effizient hin- und herzubewegen.

Schließlich ist die Erholungsphase einer Trainingseinheit sehr wichtig. Ich bevorzuge Erholungsphasen von 2 Minuten Länge. Wenn Sie die Trainingseinheit beendet haben, müssen Sie die Stop-Taste drücken, und der Timer speichert diese Daten. Das Herzfrequenzmeßgerät fährt jedoch fort, eine Nachbelastungsphase von zwei Minuten zu errechnen. Das Meßgerät wird diese Zeit dann auf einen der Bildschirme übertragen, wenn Sie die Daten aufrufen. Sie müssen die erwünschte Erholungsphase vor Trainingsbeginn einprogrammieren; üblich ist normalerweise eine Erholungsperiode von 1 bis 4 Minuten Länge.

Wenn Sie Ihre Trainingseinheit einmal in den Handgelenksmonitor einprogrammiert haben und das Gerät an Ihrem Handgelenk, Lenker, an Ihrem Laufbandgeländer oder irgendwo im Abstand von 1 m befestigt haben, werden Sie die kontinuierlichen Daten Ihrer Herzaktivitäten sehen. Greifen Sie sich jetzt einen Partner und ab geht`s. Es ist am besten, wenn der konditionelle Zustand Ihres Partners grob mit dem Ihren übereinstimmt. Auf diese Weise können Sie den Lauf gemeinsam absolvieren.

Jetzt kommen wir zu dem komplizierten Teil. Sie müssen Ihr Kontrollgerät kontrollieren. Das heißt, Sie müssen ständig während des Trainings Anpassungen vornehmen, um sicherzustellen, daß Sie Ihren Plan erfüllen. Dies ermöglicht Ihnen die Feineinstellung Ihres Trainingsprogramms. Ich stelle ein Alarmsignal in meinem Herzfrequenzmeßgerät so ein, daß es mich alle drei Minuten daran erinnert, einen Blick auf die Meßwerte zu werfen. Nach einer Weile wird dies zur Gewohnheit und kostet sehr wenig Mühe.

Aber um mit unserem Beispiel fortzufahren, nach Ihrem sechsminütigen Aufwärmen hören Sie ein Signal, das Sie daran erinnert, jetzt mit dem Haupttraining zu beginnen. Beschleunigen Sie während der nächsten drei Minuten, ohne auch nur einen Blick auf Ihr Herzfrequenzmeßgerät zu werfen. Ihr Partner sagt laut "36", was bedeutet, daß er einen kurzen Blick auf seine Anzeige geworfen hat und daß sein Meßgerät 136 angezeigt hat. Sie kontrollieren Ihr Meßgerät und erwidern "31". Sie lassen also aus Ökonomiegründen die Zahl 100 weg. Die Unterhaltung zwischen Ihnen und Ihrem Partner könnte etwa folgendermaßen aussehen: "38", "35", "39", "39". Schließlich wird einer von Ihnen das Signal hören, daß er die Obergrenze seiner TZ, in diesem Fall 140, erreicht hat.

Wenn Sie diesen Punkt erreicht haben, halten Sie dieses Tempo, bis Sie Ihr Herzfrequenzmeßgerät das programmierte 5-Minuten-Intervall signalisieren hören. Reduzieren Sie jetzt langsam Ihre Intensität. Während Ihre Herzfrequenz fällt, sprechen Sie sie laut aus: "39", "39" (pausieren Sie 1 Minute), "34", "31". Fahren Sie fort, bis Ihr Herzfrequenzmeßgerät Ihnen signalisiert, daß Sie die Untergrenze Ihrer TZ, 123 Schläge/min, erreicht haben.

Beschleunigen Sie erneut langsam und bewegen Sie sich in Ihrer gesamten TZ (123 bis 140 Schläge/min) hin und her. Exakt 48 Minuten

Komplexe Herzfrequenzmeßgeräte können alle im Verlauf einer Trainingseinheit anfallenden Daten speichern. Später können Sie diese verwenden, um zu bestimmen, wie lange Sie in jeder Ihrer fünf Trainingszonen trainiert haben.

später werden Sie den Ton des zweiten Signalgebers hören, der Ihnen mitteilt, daß die Haupttrainingsphase vorüber und daß es Zeit zum Abwärmen ist. Entspannen Sie und genießen Sie das Auslaufen, bis Sie einige Minuten später das Schlußsignal hören.

Nach Ihrer Trainingseinheit: Auswerten der Daten Ihres Herzfrequenzmeßgerätes

Herzfrequenzmeßgeräte bieten zwei Möglichkeiten: die Trainingsinformation manuell abzurufen oder die Daten nach der Belastung über ein Interface auf einen PC abzuspeichern.

Bei der manuellen Auswertung müssen Sie die Abruftaste mehrfach drücken und Ihre gespeicherten Herzfrequenzwerte aufschreiben. Das bedeutet, daß Sie im Falle eines Aufzeichnungsintervalls von 60 Sekunden und einer Gesamtlänge der Trainingseinheit von 60 Minuten 60 verschiedene Herzfrequenzwerte aufschreiben müßten. Dann können Sie diese Daten tabellarisch auflisten oder graphisch darstellen.

Die Datenerfassung könnte folgendermaßen aussehen:

Zeit	Herzfrequenz	Zeit	Herzfrequenz
1	79	9	128
2	95	10	122
3	125	11	130
4	142	12	139
5	149	13	145
6	138	14	140
7	132	15	135
8	128	16	124

Nun können Sie diese Information graphisch darstellen, Ihre durchschnittliche Herzfrequenz grob errechnen und Ihre 5minütigen Trainingsintervalle aufzeichnen. Oder Sie können die Daten in einen Computer herunterladen, wie oben erläutert, und einen Ausdruck für Ihre Akten erstellen.

Der Datenausdruck könnte bei einer 60minütigen Auf-und-ab-Trainingseinheit mit dem Herzfrequenzmeßgerät etwa folgendermaßen aussehen:

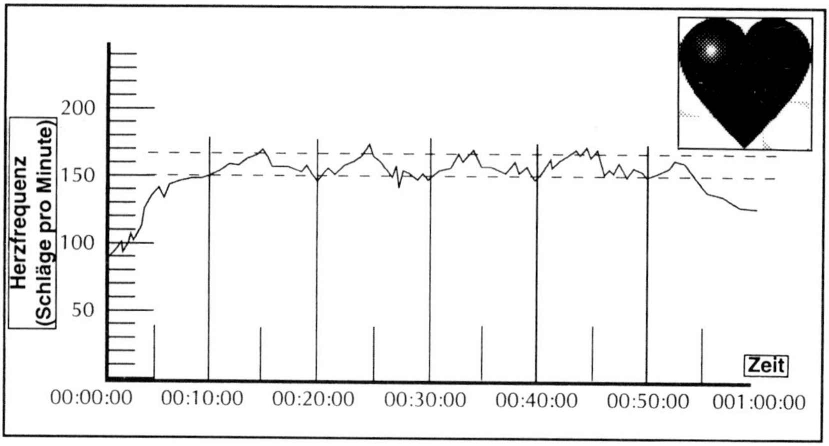

Mit einem Herzfrequenzmeßgerät zu laufen, kann in einem Marathonlauf Minuten und in einem Ultralangstreckenwettbewerb Stunden ausmachen. Mit einem Herzfrequenzmeßgerät zu trainieren, kann

Tausende verbrannter Kalorien bedeuten, viele Pfunde verlorenen Fettes und kürzere, motivierendere und freudvollere Trainingseinheiten. Entnehmen Sie diesem Kapitel die Grundlagen, und spielen Sie mit ihnen. Rekonstruieren Sie unsere liebsten Trainingseinheiten, und sichern Sie vor allem diese wertvollen Daten, um Ihren Fortschritt zu verfolgen und Ihr Trainingsprogramm zu verfeinern.

Sobald Sie die dynamische Interaktion zwischen Ihrem Geist und Ihrem Körper besser verstehen, werden Sie schon bald auf immer höherem Niveau trainieren.

Kapitel 9

Besondere Einflüsse auf die Herzfrequenz

Wenn Sie trainieren, reagiert Ihre Herzfrequenz auf die Temperatur, Ihre Ernährung, Ihr Trainingsprogramm, die Luftfeuchtigkeit und die Höhe. Selbst der Wind kann eine wichtige Rolle hinsichtlich Ihrer Herzfrequenz während einer Trainingseinheit spielen.

Ihr Herzfrequenzmeßgerät spiegelt die Reaktionen Ihres Körpers auf alle Variablen wider. Wenn Sie Sorgen haben oder an Schlafmangel leiden, wird Ihre Herzfrequenz erhöht sein. Gleichermaßen wird Ihr Körper auf große Hitze reagieren. Bei der Anzahl der eine Rolle spielenden Faktoren kann die Leistung eines Sportlers an jedem gegebenen Tag häufig so wenig voraussagbar sein wie ein Lotteriespiel.

Glücklicherweise braucht das Herzfrequenzmeßgerät nicht die Temperatur zu kontrollieren oder jemanden zu psychoanalysieren. Alles, was es tun muß, ist, Ihnen die Werte unter dem Strich zu präsentieren, und zwar beständig und genau. Und dieser Wert ist Ihre Herzfrequenz, die Reaktion Ihres Körpers auf alles, was sich innerhalb und außerhalb abspielt.

Im folgenden finden Sie eine Anzahl von Einflüssen, die die Leistung jedes Athleten verändern - gleichgültig, ob Profi oder Amateur.

Höhe und Flachland

Umfangreiche Untersuchungen mit Athleten, die in variierenden Höhen trainieren und Wettkämpfe bestreiten, sind durchgeführt worden, und das Fazit ist, daß Ihre Reaktion auf Höhe in direktem Zusammenhang mit der Zeit steht, die Sie auf der betreffenden Höhe verbracht haben, wobei sich die meisten Sportler etwa gleich schnell anpassen.

Wenn Sie auf Meereshöhe leben und zum ersten Mal über 1800 m hoch trainieren, wird sich Ihre Herzfrequenz etwas verlangsamen. Nach einigen Stunden kehrt sich dieser Trend um, und Ihre Herzfrequenz steigt 10% über Ihren Ruhewert an. Wenn Sie höher steigen, etwa 3000 m hoch, kann Ihre Ruheherzfrequenz auf 50% höher als normal ansteigen.

Diese gesteigerte Herzfrequenz hält mehrere Tage an, während sich Ihr Organismus an die geringere Sauerstoffkonzentration in der Umgebungsluft anpaßt (was dazu führt, daß Ihre Atemfrequenz steigt) und an den geringeren Luftdruck (der Luftdruck in Ihrer Lunge ist daher auch niedriger, was dazu führt, daß sich auch weniger Sauerstoff in Ihrer Lunge befindet). Dann sinkt Ihre Ruheherzfrequenz langsam auf den Wert, den Sie auf Meereshöhe aufweisen, ab. Insgesamt nimmt dieser Prozeß 14 Tage in Anspruch. Dieser Anpassungsprozeß wird Akklimatisation genannt, und graphisch dargestellt sieht er folgendermaßen aus:

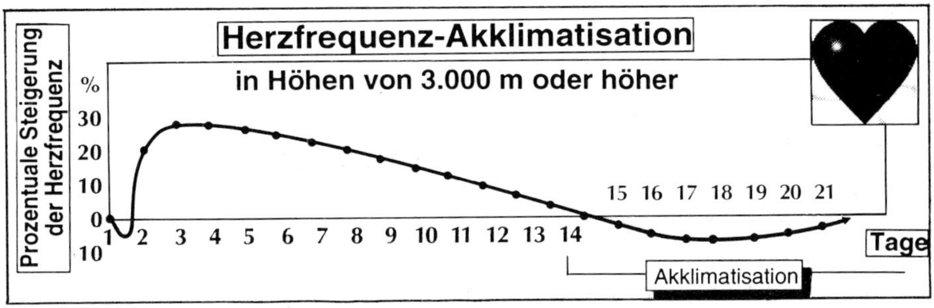

Training in neuen Höhelagen kann sehr täuschend sein. Sie können glauben, im 8-Minuten-Meilenschnitt (5 min/km) zu laufen, während Sie in Wirklichkeit ein 8:30-Minuten-Tempo (5:20 min/km) laufen. Wenn Sie nach Tempo und nicht nach Herzfrequenz trainieren würden, würden Sie sich außerhalb Ihrer Herzfrequenztrainingszone befinden, ohne dies zu bemerken.

Sie können tatsächlich Ihre Akklimatisationsveränderungen selbst mitverfolgen. Das nächste Mal, wenn Sie längere Zeit in ungewohnter Höhe verbringen, schreiben Sie jeden Morgen Ihre Ruheherzfrequenz auf. Es macht Spaß zu beobachten, wie dieser Wert jeden Tag sinkt. Ihr Körper paßt sich in respiratorischer, metabolischer und physiologischer Hinsicht an, um die Bedingungen in der Höhe auszugleichen. Um die dünnere Luft und den niedrigeren Luftdruck zu kompensieren, produziert Ihr Körper mehr rote Blutkörperchen und mehr Hämoglobin, so daß Sie mehr Sauerstoff transportieren können. Dieser Anstieg der Zahl der roten Blutkörperchen führt seinerseits zum Anstieg mehrerer anderer Faktoren: die Menge des von Ihrem Herzen herausgepumpten Blutes (Ihr Herzminutenvolumen), die Durchblutung der lokalen Blutgefäße und weitere zelluläre Funktionen wie z.B. die Anzahl der Mitochondrien und aeroben Enzyme.

Wenn Sie im Flachland leben und mit einem Freund, der in mäßiger Höhe lebt, in die Berge reisen, hat Ihr Freund Ihnen gegenüber einen deutlichen Trainingsvorteil. Er ist bereits teilangepaßt, während Sie das nicht sind. Lassen Sie sich davon nicht unterkriegen, denken Sie allerdings auch nicht, daß Sie auf eine höhere Höhe steigen und dort trainieren können, um danach ins Flachland zurückzukehren und bessere Wettkämpfe zu absolvieren – so einfach geht es nicht.

Es scheint, als ob Training in einer größeren Höhe, was zu einem Anstieg der Hämoglobinkonzentration und der Konzentration bestimmter Enzyme des Sportlers führt, seine Leistung im Flachland verbessert. Leider paßt der Körper sich sehr schnell geringeren Höhen an; daher hat ein Training dieser Art einen sehr begrenzten Einfluß auf die sportliche Leistung.

Wenn Sie ein Ausdauersportler sind, ist hier eine weitere Anmerkung zu machen. Über 1500 m über Meereshöhe sinkt Ihre VO_{2max} unabhängig vom Grad der Akklimatisation. Das Ausmaß dieser Reduzierung ist 2% für jeweils 300 Höhenmeter.

Temperaturveränderungen: warm und kalt

Dieser wunderbare Organismus, den wir Körper nennen, verfügt über eine erstaunliche Fähigkeit, sich automatisch an seine Umgebung anzupassen. Temperaturanpassungen sind ein ideales Beispiel hierfür, weil diese Veränderungen so leicht offensichtlich sind.

Wenn Sie trainieren, erzeugt die Muskelaktivität Wärme; es kommt also zu einem Anstieg Ihrer Körpertemperatur. Das primäre Ziel Ihres Körpers als Reaktion auf Temperaturveränderungen ist das Aufrechterhalten des Gleichgewichts zwischen Ihrer Körperkerntemperatur und der Temperatur des tiefer liegenden Gewebes. Dies wird thermales Gleichgewicht genannt. Wenn Ihr Körper erhitzt ist, gibt er auf dem Wege physiologischer Veränderungen Wärme ab - dieser Prozeß wird Temperaturregulation genannt. Eine gesteigerte Herzfrequenz, ein intensivierter Blutfluß zur Haut und Schwitzen (bis zu 3,6 bis 5,4 Liter pro Stunde) sind allesamt Teil der Temperaturregulationsprozesse.

Unter Kältebedingungen versucht Ihr Körper, Ihre Kerntemperatur zu steigern, indem er die Durchblutung aller Teile Ihres Körpers mit Ausnahme des Körperkerns reduziert. Der Körper zittert auch, was zu einem drei- bis fünffachen Anstieg Ihrer Stoffwechselrate und Wärmebildung führt. Schließlich werden Hormone freigesetzt, die auch eine Steigerung Ihres gesamten Grundumsatzes bedeuten.

Es besteht eine direkte Beziehung zwischen Temperaturveränderungen und der Herzfrequenz: je höher die Temperatur, desto höher ist die Herzfrequenz. Ich selbst habe diese Korrelation überprüft. Ich wagte mich mit meinem Herzfrequenzmeßgerät in die Sauna (eingestellt auf 120 Grad Fahrenheit), um zu beobachten, wie meine Herzfrequenz auf diese plötzlichen Temperaturveränderungen reagiert. Im folgenden Bild sehen Sie, was geschah:

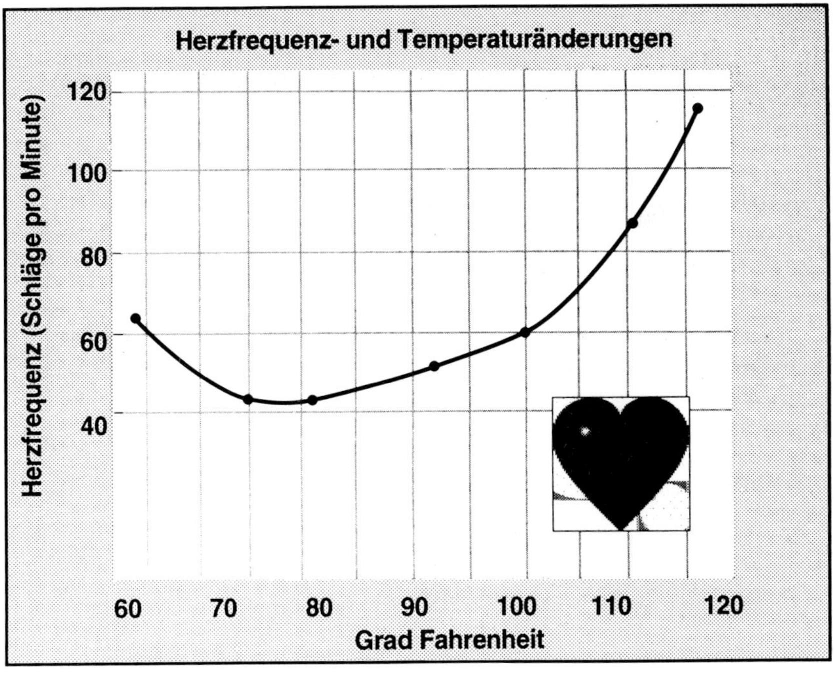

Diese Kurve zeigt uns lediglich, was wir alle bereits wissen: je höher die Umgebungstemperatur, desto höher ist die Ruheherzfrequenz.

Wenn Sie bei Hitze trainieren, werden die normalen Reaktionen Ihres Körpers auf Hitze durch die wärmeerzeugende Muskelaktivität ausgeglichen; Ihr Herz arbeitet also noch härter, um Ihren Körper zu kühlen, und das Endergebnis ist eine gesteigerte Herzfrequenz. Wiederum, verwenden Sie Ihre Herzfrequenz und nicht Ihre Stoppuhr, wenn Sie in der Hitze trainieren. Sie müssen darauf achten, es dann locker angehen zu lassen, wenn Ihr Herzfrequenzmeßgerät es Ihnen rät.

Die ideale Temperatur für das Training hängt von der Trainingsart ab. Wenn Sie sprintartige Aktivitäten durchführen, Übungen von kurzer Dauer und mit hohen Anforderungen an den Krafteinsatz, ist die ideale Temperatur der trockenen Luft etwa 25 bis 35 Grad, bei längeren Aktivitäten beträgt die ideale Temperatur 20 Grad.

Hitzeanpassung erreicht man, wenn man regelmäßig unter heißen Bedingungen trainiert. Diese Anpassungen oder Akklimatisationsprozesse treten normalerweise erst nach 10 Hitze-Trainingstagen ein. Zu den Anpassungen zählen: ein verbesserter Blutfluß aus tieferen Gewebeschichten zur Haut, Herzfrequenzsteigerungen, Schweißausbruchpunkte bei tieferen Temperaturen, gesteigerte Schwitzrate und eine Zunahme des Salzgehaltes im Schweiß.

Hitzeanpassung und -toleranz verändern sich nicht nennenswert mit dem Alter. Auch das Geschlecht übt kaum einen Einfluß aus.

Der Körper durchläuft während einer Kälteanpassung nicht derartige dramatische Veränderungen. Für Sportler jeder Disziplin ist es viel leichter, sich an mäßig kalte Temperaturen anzupassen, indem sie einfach die richtige Kleidung tragen. Vergessen Sie bei der Betrachtung kalter Temperaturen nicht den Kühlfaktor des Windes; -1 Grad bei einem Lauf mit 20 Stundenkilometern sind ganz anders als -1 Grad bei leichtem Traben.

Dehydration

Erinnern Sie sich an diese alten Filme mit den zerlumpten Legionären, die durch die Wüste kriechen, ihren Mund voller Sand, und deren Fußspuren am Horizont verschwinden? “Wasser ...”, krächzen sie, “... Wasser.” Ich habe mich auch schon einmal so gefühlt. Natürlich brauchte ich mich nur zu einer Wasserflasche hinunterzubeugen oder an einem Wasserhahn stehenzubleiben, aber diese armseligen Soldaten kommen mir immer in den Sinn, wenn ich zu dehydrieren beginne. Ich weiß, daß es ein bißchen seltsam ist, aber was ist das Leben ohne ein wenig Drama?

Sie brauchen sich nicht in einer Wüste zu befinden, um zu dehydrieren. Selbst unter kühlen Bedingungen können Sie dehydrieren (je heftiger Sie atmen, desto mehr Wasser tritt durch die Atemwege aus). Schwitzen führt ganz offensichtlich zu einem Wasser- und Salzverlust; wenn also Ihr Körper übermäßig Flüssigkeit verliert, ist Ihr Herz gezwungen, mehr zu arbeiten. In der folgenden Abbildung sehen Sie, wie sich Ihre Herzfrequenz verhält, wenn Sie die verlorengegangene Flüssigkeit in nicht ausreichendem Maße ersetzen:

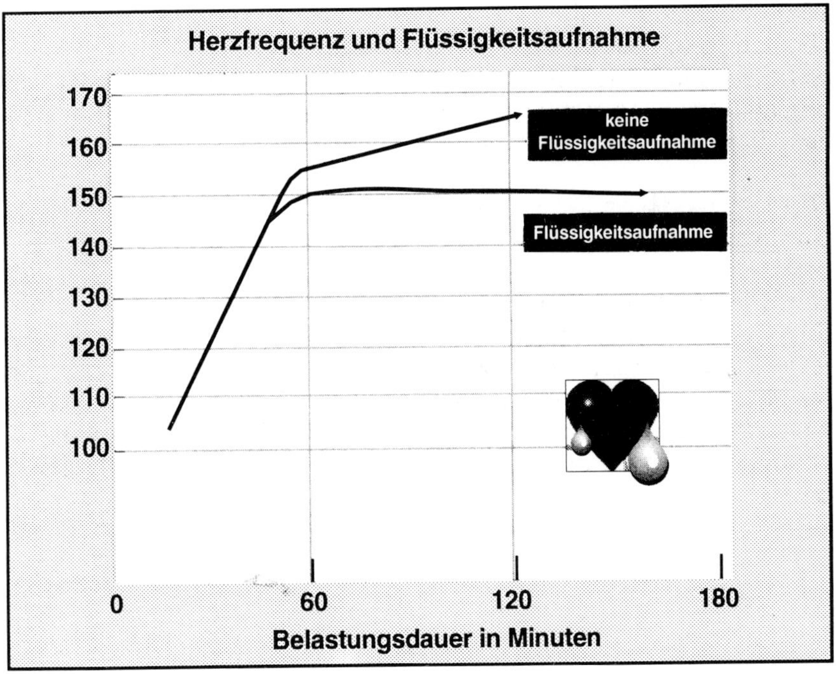

Je stärker Sie dehydrieren, desto mehr nimmt Ihr Gesamtblutvolumen ab. Da dem Herz weniger Blut zur Verfügung steht, pumpt es schneller, um die gleiche Menge Blut im Kreislauf zu halten. Ihr Herz verbraucht also letztlich die Leistungsenergie, die Ihre anderen Muskeln auch dringend brauchten.

Die Botschaft ist klar: Sie müssen viel trinken, um Ihr Blutvolumen beim Training beizubehalten. Es gibt so viele Faktoren, die bestimmen, wieviel und wie häufig Sie trinken sollten, daß es unklug ist, dem einzelnen absolute Regeln zu geben. Grob gesagt müssen Sie jedoch Ihre Flüssigkeitsaufnahme beim Training um das fünf- bis sechsfache des Normalwerts steigern. Bei Marathonläufern kann es zu Flüssigkeitsverlusten von bis zu 5,4 Litern pro Stunde kommen. Das gleiche trifft auf Fußballspieler, Ringer, Skiläufer und andere Sportler, die hochintensive Sportarten betreiben, zu. Wenn Sie diesen Flüssigkeitsverlust nicht ersetzen, wird Ihre Herzfrequenz ansteigen und Ihre Leistungsfähigkeit rapide abnehmen.

Ernährung

Ich muß zugeben, daß der bloße Anblick einiger Nahrungsmittel, die ich einmal nur mit Widerwillen gegessen habe, ausreicht, um meine Herzfrequenz in die Höhe zu treiben. Wenn Sie wollen, können Sie das "antizipatorischen Ekel" nennen. Dieses Kapitel handelt jedoch davon, was nach Eintreten der Nahrung in Ihren Körper geschieht.

Betrachten Sie die Nahrung als Energiequelle Ihres Körpers. Leider haben Sie auf Ihren Lippen keine Aufkleber wie z.B. "nur bleifrei" oder "nur Diesel", die Sie wissen lassen, welche Art von Nahrung Ihr Körper bevorzugt. Mit Hilfe Ihres Herzfrequenzmeßgerätes können Sie jedoch sehr leicht bestimmen, welche Nahrungsmittel Sie vor, während und nach Ihrem Training essen sollten.

Im Jahr 1986 wurde eine Gruppe von Weltklasse-Triathleten eingeladen, an der längsten Ausdaueruntersuchung aller Zeiten teilzunehmen:

Sie unterzogen uns einer achtstündigen Belastung, die aus simuliertem Schwimmen mit einer Armkurbel, Radfahren auf einem Fahrradergometer und Laufen auf einem Laufband bestand. Alle Aktivitäten wurden mit 75% der individuellen VO_{2max} durchgeführt. Uns wurden

Atemgasanalysatoren in den Mund und Heparin locks in beide Arme gesteckt. Ferner wurde in regelmäßigem Abstand unser Schweiß gesammelt, unsere Körperkerntemperatur gemessen, es wurden Urinproben untersucht, unsere Kalorienaufnahme kontrolliert und die Lufttemperatur gemessen. Fast jede Funktion unseres Körpers wurde acht Stunden lang genauestens analysiert.

Was die Forscher herausfanden, war faszinierend und ließ sich sehr gut auf mein Trainingsprogramm anwenden. Erstens zeigten die Ergebnisse, daß alle von uns im Verlauf des Experimentes Kohlenhydrate und Fette als Brennstoffe verbrannten. Jeder Körper suchte sich sein Verhältnis von Fettkalorien und Kohlenhydratkalorien automatisch heraus. Ich verbrenne z.B. zu 80% Kohlenhydrate und zu 20% Fette. Es nahmen jedoch auch Sportler an diesem Test teil, die eher zu 80% Fette und zu 20% Kohlenhydrate verbrannten. Ich weiß jetzt, welche Nahrungsmittel ich mir während des Trainings und Wettkampfs zuführen muß - Kohlenhydrate.

Bei hohen Intensitäten sind Herzfrequenzmeßgeräte ein wichtiger Teil der Ausrüstung.

Zweitens erfuhr ich, daß ich sehr wenig Sodium besaß, und daß ich daher vor einem harten Rennen vermehrt Sodium zuführen mußte. Ich mußte auch den Sodium-Gehalt meiner Nahrung erhöhen. Wenn Sie Ausdauersportler sind, benötigen Sie Salz in Ihrer Nahrung. Da ich eine Vegetarierin bin, brauche ich sogar noch mehr Salz, denn die Nahrung, die ich zu mir nehme, enthält nicht viel Salz.

Ihr Herzfrequenzmeßgerät kann Ihnen dabei helfen, zu bestimmen, welche Arten von Nahrung Ihr Körper am besten verstoffwechselt. In gewissem Sinne verwenden Sie Ihr Herzfrequenzmeßgerät als ein Belastungstest-Labor im kleinen.

Der beste Brennstoff-Test

Essen Sie eine kohlenhydratreiche Mahlzeit. Warten Sie dann 1 bis 2 Stunden, messen Sie danach die Zeit, die Sie für das Absolvieren einer kontrollierten Trainingseinheit über eine längere Strecke (z.B. eine Radfahrt über 40 bis 45 km oder ein 10 bis 15 km langer Lauf) brauchen, die Sie in etwa einer Stunde mit einer Herzfrequenz von 75 bis 80% der maximalen Herzfrequenz zurücklegen. Es sollte bei diesem Test windstill sein, und die Umgebungstemperatur sollte 15 bis 24 Grad betragen. Zeichnen Sie Ihre Herzfrequenz vor, während und nach dieser Trainingseinheit zu vorher bestimmten Zeitpunkten auf. Halten Sie auch fest, wieviel und welche Arten von Flüssigkeit Sie während dieser Trainingseinheit zu sich nehmen, so daß Sie diesen Flüssigkeitsverbrauch wiederholen können, wenn Sie diese Trainingseinheit aus Vergleichsgründen noch einmal absolvieren. Wenn Sie fertig sind, schreiben Sie die Zeit auf, die Sie benötigt haben, und ruhen Sie sich einige Tage aus.

Essen Sie einige Tage später eine fettreiche Mahlzeit. Warten Sie 1 bis 2 Stunden, und absolvieren Sie dann die gleiche Trainingseinheit. Achten Sie darauf, daß alle Variablen wie Streckenlänge, Temperatur und Flüssigkeitsverbrauch gleich sind wie beim ersten Test. Verzeichnen Sie sorgfältig die Zeit, die Sie benötigen. Erstellen Sie jetzt eine Herzfrequenzkurve für die gesamte Trainingseinheit. Achten Sie darauf, welche Nahrung zu den schnelleren Zeiten und den geringeren Herzfrequenzen führte. Es sollte sehr leicht erkennbar sein, welche Energiequelle für Sie die bessere ist.

Je länger die Trainingseinheit ist, desto mehr beginnt die Auswahl Ihrer Nahrung auf Ihre Leistung Einfluß zu nehmen. Sie können Ihre optimale Trainingsnahrung entdecken, indem Sie Ihr Herzfrequenzmeßgerät dazu verwenden, ähnliche Tests wie den oben beschriebenen mit unterschiedlichen Nahrungsauswahlen zu absolvieren.

Sie können auch einen Test "zur Bestimmung der Brennstoffquellen während des Trainings" absolvieren. Trinken Sie während eines Wettkampfs nur 100prozentige Glukosegetränke und messen Sie Ihre Herzfrequenz. Trinken Sie an einem anderen Tag eine Mischung aus kombinierter Glukose mit Fett, und achten Sie auf Ihre Herzfrequenzreaktion. Vergessen Sie nicht, die Produkte unterschiedlicher Firmen unter simulierten Wettkampfbedingungen auszuprobieren, und testen Sie sie auf der Basis von Herzfrequenzen.

In Labortests kann die Verbesserung von einem Brennstoff zu einem anderen bis zu 7% betragen. Dies ist ein erheblicher Unterschied - sicher ein ausreichender, um weitere Untersuchungen Ihrer persönlichen Nahrungsbedürfnisse zu rechtfertigen.

Krankheit/Übertraining

Vielen Sportlern können Herzfrequenzmeßgeräte als Alarm dienen, der sie darauf aufmerksam macht, daß sie mit Intensitäten, Häufigkeiten oder Umfängen trainieren, die über das Niveau, das zu einer Leistungsverbesserung führt, hinausgehen. Übertraining ist ein häufiger Fehler, vor allem bei Sportlern, die meinen, mehr sei besser, und die das Training nicht systematisch angehen.

Einer der besten Hinweise auf Übertraining ist Ihre morgendliche Ruheherzfrequenz. Wenn dieser Wert mehr als 10 Schläge höher als normal ist, sollten Sie sich Sorgen machen. Eine beschleunigte Ruheherzfrequenz kann auf eine ganze Anzahl von Problemen hinweisen: Sie können übertrainiert, übermüdet, leicht verletzt sein, oder Sie können gegen Fieber oder ein streßbedingtes Problem ankämpfen.

Ruhe ist eines der besten Mittel, die ein Sportler einsetzen kann. Leider ist Ruhe eines der am schwersten zu verschreibenden Mittel, da viele Athleten Angst vor einem Konditionsverlust haben. Tatsache ist jedoch, daß es erst zu einem Konditionsverlust bzw. Fitneßverlust kommt, wenn Sie mindestens vier Tage inaktiv sind. Was machen also einige trainingsfreie Tage tatsächlich aus? Keiner überholt Sie, es sei denn, Sie lassen Sie vorbei, indem Sie in ein krankheits-, verletzungs- oder psychisch bedingtes Tief rennen.

Sie müssen stets das Gleichgewicht wahren und in Ihren Körper horchen. Wenn Ihr Körper Ruhe braucht, nehmen Sie sich einige Tage frei. Wenn Ihr Körper mit Kohlenhydraten bessere Leistungen bringt, essen Sie Spaghetti. Der Schlüssel besteht darin, daß Sie Ihren Verstand einsetzen, um Ihre Trainingsgewohnheiten zu verbessern und die Leistung Ihres Körpers zu steigern. Wenn Sie erst einmal das Herzfrequenzmeßgerät als Verbindungsglied zwischen Ihrem Geist und Ihrem Körper verwenden, werden Sie beginnen, die gegenseitigen Bedürfnisse und Zustände zu respektieren. Hieraus entspringt ein Verständnis der wahren Natur der Leistung.

Erfahrungsbericht

Einsatz von Herzfrequenzmeßgeräten unter speziellen Bedingungen

David Martin, PHD.

Unsere Erfahrungen an der Georgia State University in Atlanta haben ergeben, daß Herzfrequenzmeßgeräte in vielfältigen Situationen nützlich sind. Hier sind vier Beispiele:

1) Sportler, die zwischen großen Höhen und Meereshöhe hin und her pendeln

Kenny Souza lebt z.B. in Boulder, aber er mag es aus Wettkampfgründen oder anderen Gründen für nötig halten, eine oder zwei Wochen in Kalifornien zu bleiben. Wenn er eine Bahntrainingseinheit absolviert, sagen wir einmal 4 x 1500 m oder 6 x 1000 m als einen langen Intervalltag, dann ist das Tempo, das er für eine optimale Entwicklung benötigt, in Boulder, das 1800 m hoch liegt, langsamer als auf Meereshöhe in Kalifornien. Wir verwenden Herzfrequenzmeßgeräte als Belastungsanzeige, und Kenny variiert sein Tempo entsprechend. Unsere in regelmäßigen Abständen erhobenen Laufband-Testdaten nennen uns die Herzfrequenz, die er erreichen muß, um einen optimalen Trainingseffekt zu erzielen, und er braucht nur einen Blick auf sein Herzfrequenzmeßgerät zu werfen, um seine Laufintensität zu kontrollieren. Das Tempo wird dann zweitrangig.

2) Kontrolle der Herzbelastung durch lange Läufe bei warmem Wetter und beträchtlichen Flüssigkeitsverlusten durch Schwitzen

Wir wissen, daß das Herzminutenvolumen das Produkt aus Herzfrequenz und Schlagvolumen ist. So befindet sich der Sportler während eines 40-km-Laufes bei 27 Grad warmem Wetter selbst in einem negativen Flüssigkeitsgleichgewicht, wenn er Flüssigkeiten zu sich nimmt. Dies trägt zu einer Abnahme des Plasmavolumens bei. Wenn sich dieser Zustand fortsetzt, kann das Herzminutenvolumen nur beibehalten werden, wenn die Herzfrequenz ansteigt, denn das Schlagvolumen nimmt aufgrund des reduzierten Blutvolumens ab. Oft geraten Sportler fast tranceartig in einen bestimmten Schrittrhythmus und ein bestimmtes Tempo, und obwohl sie eine höhere Belastung empfinden, tendieren sie dazu, das Tempo zu halten. Dies mag in einem Wettkampf akzeptabel sein, vorausgesetzt, sie werden dadurch nicht zum medizinischen Notfall. Wenn das Ziel des Laufs jedoch eine lockere, aber lange Trainingsbelastung ist, sollte man das Tempo in den späteren Laufabschnitten verlangsamen, um den äquivalenten Streß einigermaßen konstant zu halten. Durch die Herzfrequenzkontrolle wird dies möglich.

3) Lange Trainingsläufe mit langen Bergauf-Abschnitten

Läufer tendieren oft instinktiv, ein gleichmäßiges Tempo zu halten, wenn sie bergan laufen; sie belasten sich dadurch härter und laufen häufig in anaerobe Bereiche, obwohl es ihr aerober Tag sein sollte. Das Tragen eines Herzfrequenzmeßgerätes kann dieses Risiko ausschalten. Wenn die Trainingseinheit zwischen 140 und 145 Schlägen/min absolviert werden muß und der Bergan-Abschnitt die Herzfrequenz auf 155 steigert, kann das Herzfrequenzmeßgerät den Läufer hierauf aufmerksam machen, und er kann sein Tempo entsprechend verlangsamen und sich beim Berganlaufen genausogut unterhalten wie bei dem vorangegangenen Flach-Abschnitt.

4) Bestimmung von Fitneßveränderungen im Laufe der Zeit

Bei einer Bahneinheit von 6 Wiederholungsläufen über eine Meile im frühen März kann ein Läufer Meilenzeiten von 4:35 min (2:50 min/km) erreichen mit einer Herzfrequenz von 185 Schlägen/min. Einen Monat später kann er diese Wiederholungsläufe bei gleichen Witterungsbedingungen in gleicher Zeit absolvieren, wobei seine Herzfrequenz jedoch nur 175 Schläge/min pro Minute beträgt. Oder er kann die Meilenabschnitte in 4:25 (2:45 min/km) laufen mit einer Herzfrequenz von 185. Dies deutet auf eine Verbesserung der Fitneß hin und kann Sportleraussagen wie die folgende durch Fakten untermauern: "Weißt Du, im April fielen mir die Meilenläufe bei gleichem Tempo leichter als einen Monat vorher; tatsächlich hätte ich noch schneller laufen können, und ich wäre kein bißchen erschöpfter gewesen als vor einem Monat bei gleichem Tempo."

David Martin ist Regents Professor für Gesundheitswissenschaften im Department of Cardiopulmonary Care Sciences an der Georgia State University. Er arbeitet seit über 25 Jahren mit Spitzensportlern zusammen, ist Autor des Buches "Mittel- und Langstreckentraining", Meyer & Meyer Verlag, Aachen 1992, und Vorsitzender der Sektion Sportwissenschaft des amerikanischen Leichtathletikverbandes.

Kapitel 10

Abnehmen mit Hilfe eines Herzfrequenzmeßgerätes

Ein Herzfrequenzmeßgerät kann eines der wichtigsten Werkzeuge für Sie sein, wenn Sie abnehmen wollen. Indem Sie Ihr Trainingsniveau richtig festlegen, können Sie Ihre Fähigkeit, die richtigen Kalorien zu verbrennen, maximieren. Unterschiedliche Nahrungsmittel (Brennstoffe) verbrennen bei unterschiedlichen Intensitätsstufen, genauso wie Fahrzeuge ihren Brennstoff verbrennen. So benötigen Hochleistungsautos z.B. Brennstoff mit extrem hoher Oktanzahl, um Geschwindigkeiten von mehr als 200 km/h zu erreichen, und der Körper benötigt Hoch-Oktan-Kohlenhydrate (komplexe Zucker), um die gleiche Art von Maximalleistung zu erzielen. Lastwagen transportieren hingegen große Lasten auf 18 Rädern mit langsamem Tempo über die Straßen. Diese Lastwagen sind mit Diesel betankt. Fett ist der Diesel-Brennstoff des menschlichen Körpers.

Vielleicht wissen Sie, daß ein Gramm Fett neun Kalorien enthält, ein Gramm Kohlenhydrate hingegen nur vier Kalorien. Es ist wichtig, daß man dies im Gedächtnis behält, denn hinsichtlich des Gewichts der Nahrungsmittel, die Sie zu sich nehmen, ist ein Gramm Fett das gleiche wie ein Gramm Kohlenhydrate, und dennoch liefert ein Gramm Fett über 100% mehr Kalorien.

Wichtig ist das folgende: Fett verbrennt langsam, aber es verbrennt in größeren Mengen, wenn die Belastungsintensität niedrig ist. Kohlenhydrate verbrennen schneller und sind die primäre Energiequelle des Körpers, wenn hochintensive Anforderungen gestellt werden. Beide Arten von Brennstoffen, Fette und Kohlenhydrate, verbrennen stets gleichzeitig, lediglich der Anteil der beiden Komponenten variiert.

Wenn Sie beispielsweise eine durchschnittliche Fitneß und ein durchschnittliches Körpergewicht aufweisen, verbrennen Sie bei einem Spaziergang mit einem Kilometertempo von neun Minuten mehr als

50% Ihrer Kalorien aus Fettquellen (Fettmoleküle, die entweder aus frischen Ernährungsquellen stammen oder aus Ihrem gespeicherten Körperfett). Wenn Sie das Tempo erhöhen, beginnt Ihr Körper, eine höhere Konzentration von Kohlenhydraten zu verbrennen (in zu Glykogen abgebauter Form). Wenn Sie also trainieren, um abzunehmen, lautet die Erfolgsformel: Laufen Sie langsam und lange.

Covert Bailey war der erste, der in seinem mittlerweile klassischen Buch "Fit or Fat" das Konzept von Kohlenhydraten als Zweige in einem Feuer, die sehr schnell und mit hoher Intensität verbrennen, vorstellte. Er zeigte dann, daß Fett bei niedrigen Intensitäten verbrennt, etwa so wie ein dicker Holzscheit im Feuer. Man braucht Zweige, um den Holzscheit entzünden zu können, aber wenn er einmal brennt, brennt er lange, spendet viel Wärme, und man braucht nur wenige oder gar keine Zweige, um ihn am Brennen zu halten. Stellen Sie sich noch einmal die Kohlenhydratzweige vor, die im heißen Feuer hoher Belastungsintensitäten (hohe Herzfrequenz) verbrannt werden, dann stellen Sie sich diese Fett-Scheite vor, die bei langen Trainingsbelastungen mit niedriger Intensität und Herzfrequenz verbrannt werden.

Das Herzfrequenzmeßgerät wird Ihnen dabei helfen, einen höheren Anteil von Fettkalorien zu verbrennen, wenn Sie Ihre Trainingsstufen richtig einstellen. Die wichtigsten Faktoren, die man im Gedächtnis behalten muß, wenn man zwecks Gewichtsabnahme trainiert, sind: Bewegen Sie sich langsam, kontinuierlich, mäßig, und - am wichtigsten - bewegen Sie sich!

Wenn Sie zu trainieren beabsichtigen, um Körperfett zu verlieren, wissen Sie jetzt, daß Sie nicht nur mit niedrigerer Herzfrequenz trainieren müssen, um wirklich abzunehmen, sondern daß Sie auch Aktivitäten wählen müssen, die nicht allzu komplex und von ihrer Natur her kontinuierlich sind. Suchen Sie sich also Ihre Aktivität sorgfältig aus. Betrachten Sie z.B. Tennis. Sie mögen glauben, daß Sie bei einem guten Tennisspiel Gewicht verlieren könnten.

Zunächst schlagen Sie den Ball und absolvieren einige Ballwechsel, bevor Sie einen Punkt erzielen. Die durchschnittliche Dauer eines Ballwechsels beträgt etwa zehn Sekunden, was insgesamt etwa vier Schlägen entspricht. Die Zeitdauer von Service bis Service beträgt ungefähr 60 Sekunden. Das bedeutet, daß es sich beim Tennis um eine intervallartige Aktivität handelt, bei der in der tatsächlichen Spielzeit hohe Herzfrequenzen erreicht werden, während die Herzfrequenz in den Spielunterbrechungen niedrig ist.

Bei einem der letzten Tennisturniere in Wimbledon dauerte ein aus vier Sätzen bestehendes Spiel im Männereinzel insgesamt vier Stunden. Die Zeit, während der der Ball in der Luft war, betrug allerdings nur neun Minuten. Während dieser neun Minuten, die durch ausgesprochen hohe körperliche Belastungen der Spieler gekennzeichnet waren, erreichten die Herzfrequenzen der Spieler sehr hohe Werte, während der Spielunterbrechungen sackten sie allerdings wieder ab. Dies widerspricht ganz offensichtlich dem oben erwähnten Prinzip, sich langsam und kontinuierlich zu bewegen. Tennis ist also zur Gewichtsabnahme nicht geeignet.

Suchen Sie sich einen Sport aus, der eine kontinuierliche Aktivität verlangt, bei dem die Herzfrequenz niedriger ist und der sich durch eine hohe Belastungsdauer auszeichnet. Sie brauchen also ganz einfach eine Trainingsaktivität, die leicht auszuführen ist, Spaß macht und lang andauernd betrieben wird. Folgende Sportarten kommen in Frage: Wandern oder Walking (schnell oder langsam in Abhängigkeit von Ihrem Konditionsgrad und Ihrer Zielherzfrequenz), Aerobic, Jogging oder Langstreckenlauf, Radfahren, Rudern, Seilspringen, Tanzen, Schwimmen, Rollschuhlaufen und Skilanglauf. Selbst bei der Arbeit am Punchingball kann es sich bei richtiger Ausführung um ein Training mit niedriger Intensität handeln.

Hinsichtlich der Gewichtsabnahme läßt sich also folgendes Fazit ziehen:

1) Nehmen Sie weniger Kalorien zu sich, als Sie verbrennen.
2) Essen Sie komplexe Kohlenhydrate (d.h. Bananen, Reis, Kartoffeln, Nudelspeisen und Äpfel), denn bei gleichem Nahrungsgewicht essen Sie weniger als die Hälfte der Kalorien.
3) Eliminieren Sie “leere Kalorien” (z.B. verfeinerten Zucker, wie in Schokoladenriegeln und Limonade-Getränken, Getreidesirup und Getreidestärke) aus Ihren Mahlzeiten, denn Sie tragen nichts zu Ihrer Ernährung bei.
4) Trainieren Sie langsam und lange, mindestens 30 Minuten pro Tag, fünf Tage in der Woche mit der Ihrer Gesundheits- oder Fett-

verbrennungszone entsprechenden Intensität (50 bis 70% der MHF). Dadurch verbrennen Sie mehr von Ihren Körperfettkalorien als von Ihren gespeicherten Kohlenhydratkalorien.

Es ist einfach. Geben Sie also das Geld, das Sie für Ihr nächstes Ernährungsbuch ausgeben wollten, für eine langfristige, lebensverlängernde Investition wie ein Herzfrequenzmeßgerät aus.

Ich kann Ihnen zwar nicht garantieren, daß Sie 10 kg in einem Monat verlieren, aber ich kann schon sagen, daß Sie sich viel wohler in Ihrer Haut fühlen werden, wenn Sie Gewicht verlieren und gleichzeitig Ihre Fitneß verbessern. Glauben Sie mir, körperliche Aktivität und eine gesunder Lebensstil können noch süchtiger machen als Schokolade, und auf lange Sicht gesehen sind sie doppelt so süß.

Erfahrungsbericht

"Sportliche Aktivität rettete mein Leben"

Die Geschichte der Lauren Bergen

Kurz nach Mitternacht am 23. Juli 1990 stürzte die damals 38jährige Lauren Bergen in den Notbehandlungsraum eines New Yorker Krankenhauses. Ihr Herz raste, und sie rang nach Luft. Ein Blick auf ihren 130 kg schweren und 1,60 m großen Körper sagte dem diensthabenden Arzt, daß sie entweder jetzt nahe einer Herzattacke war oder aber zumindest in der nahen Zukunft große Gefahr lief, eine derartige Herzattacke zu erleiden.

Es ergab sich, daß diese abendliche Episode keine Herzattacke war, sondern eine extrem allergische Reaktion auf Koffein. Es machte allerdings für Lauren keinen Unterschied. Dieses Erlebnis hatte sie ausreichend erschreckt, um sich zu entscheiden, daß es höchste Zeit war zu handeln, und sie änderte ihren Lebensstil völlig.

Lauren schloß sich einer Diätgruppe an und besuchte ein Fitneß-Center. Ihre Trainer sagten ihr, daß sie vor, während und nach ihren Trainingseinheiten ihren Puls messen sollte. Leider machten die Fettschichten an ihrem Handgelenk es ihr nahezu unmöglich, ihren Puls

manuell zu messen, und wenn sie ihn schließlich fand, war soviel Zeit vergangen, daß ihre Herzfrequenz bereits wieder deutlich gesunken war.

Gerade zu dieser Zeit las Lauren einen Artikel über die Verwendung von Herzfrequenzmeßgeräten in Bewegungsprogrammen zur Gewichtsabnahme. Sie rief die Firma sofort an und bestellte ein derartiges Gerät so, daß es bereits am nächsten Tag da sein sollte. Sie war dann in der Lage, Zielherzfrequenzzonen für ihre Trainingseinheiten festzusetzen und ihren Leistungsfortschritt in einem Trainingsbuch festzuhalten. Schon bald belastete sich Lauren über lange Zeiträume und ausdauerbetont, und ihre Ruheherzfrequenz sank kontinuierlich von 93 bis etwa auf 55 Schläge/min. Laurens Übergewicht hat sich sukzessive um etwa zwei Pfund pro Woche verringert, und ihre Kleidergröße hat sich von 30 auf 12 reduziert.

Lauren trainiert an sechs Tagen in der Woche etwa zwei Stunden pro Tag, wobei sie ihre Belastungsherzfrequenz im Bereich von 130 bis 140 Schlägen/min hält (etwa 60% ihrer MHF). Sie sagt, daß ein derartiges Training sehr gut geeignet ist, um überflüssiges Gewicht abzunehmen. Da sie jetzt an körperlicher Aktivität wieder Spaß gewonnen hat, schwimmt sie auch (ihr Herzfrequenzmeßgerät ist wasserdicht) und nimmt an Aerobic-Kursen teil. Sie sagt: "Das POLAR-Herzfrequenzmeßgerät ist ausgezeichnet, denn gerade beim Aerobic muß die Trainingsbelastung sorgfältig kontrolliert werden."

Den Rat, den Lauren anderen Übergewichtigen gibt, lautet, den Verstand über die Fakten zu erheben und den Rehabilitationsprozeß gezielt anzugehen. "Es muß zu einem Lebensstil werden", erklärt sie, "und um es vernünftig zu machen, benötigen Sie sehr viel Hilfe und die richtige Technologie."

Lauren stellt fest, daß der Prozeß der Gewichtsabnahme auch sehr viele überraschende Effekte bringt. Vor kurzem wurde sie von einem Polizisten wegen Geschwindigkeitsüberschreitung angehalten. Als sie ihm ihren Führerschein zeigte, starrte der Polizist auf ihr Foto und konnte gar nicht glauben, daß das das Bild der Frau sein sollte, die vor ihm saß. Schließlich gab er ihr den Führerschein zurück, nachdem er sich das Bild noch einmal genau angesehen hatte, und sagte: "Machen Sie weiter so."

Kapitel 11

Koronar-Rehabilitation

Die meisten Menschen verschwenden nicht viele Gedanken an ihr Herz; es ist da und funktioniert ganz offensichtlich. Aber wenn Ihr Herz nicht arbeiten würde, sei es nur einen Augenblick lang, wäre fraglos etwas ganz Schlimmes los. Ihr Herz schlägt mehr als 100.000 mal pro Tag, 3 Millionen mal im Monat und 36 Millionen mal im Jahr, und Ihr Überleben hängt von seiner Beständigkeit und Leistung ab.

Und dennoch können diese kräftige Muskelpumpe und ihre Arterien manchmal versagen. Koronarerkrankungen und Myokardinfarkte töten mehr Menschen als alle anderen Krankheiten. Und obwohl gezeigt wurde, daß Koronar-Rehabilitationsprogramme wirken, nehmen noch nicht genügend Menschen an diesen Programmen teil.

Herzspezialisten verschreiben schon seit langem körperliche Aktivität als Teil eines Koronar-Rehabilitationsprogramms, und seit den frühen sechziger Jahren, als die Koronar-Rehabilitation immer mehr in den Vordergrund trat, ist es Koronarpatienten, die Sport treiben, beständig besser gegangen als denjenigen, die keinen Sport treiben. Aber Rehabilitationsprogramme für diesen Patientenkreis müssen sorgfältig geplant und kontrolliert werden, damit die Rehabilitation sicher verläuft. Gerade in diesem Zusammenhang sind Herzfrequenzmeßgeräte sehr sinnvoll.

Das Koronar-Rehabilitationsprogramm

Koronarpatienten können vom Wandern, Radfahren oder lediglich dem Sichaufrichten im Bett profitieren. Es spielt keine Rolle, in welcher Phase sich der Koronar-Rehabilitations-Patient befindet, er kann etwas tun, um sowohl seinen Muskeltonus, seine Herz- und Lungenfunktion als auch ganz allgemein seine Stimmung zu verbessern und seine Angst zu reduzieren. Selbst der tägliche Gang zum Briefkasten kann bei einem Koronarpatienten einem Rehabilitationsprogramm ähneln.

Es gibt einige Patienten, die nicht an umfassenden koronaren Rehabilitationsprogrammen teilnehmen sollten. Es gibt sehr große Kontroversen, was diesen Prozeß der Bestimmung angeht. Alle Koronarpatienten sollten jedoch für ausgewählte koronare Rehabilitations-Dienstleistungen (z.B. Patientenerziehung, Bewegungstherapie, Risikofaktor-Modifizierung) in Betracht kommen, um potentiell eine Verschlechterung des Risikostatus im Verlauf der Zeit zu verhindern.

Für diejenigen, die an einem Rehabilitationsprogramm teilnehmen, ist der Sicherheitsaspekt am wichtigsten. Es kann beruhigend wirken, wenn man im Gedächtnis behält, daß weniger als eine Herzattacke auf 80.000 Trainingsstunden fällt.

Ein medizinisch überwachtes ambulantes Rehabilitationsprogramm ist die beste Behandlung für Koronarpatienten. Viele Patienten haben jedoch nicht die Gelegenheit oder nutzen nicht die Chance, an einem beaufsichtigten Rehabilitationsprogramm teilzunehmen, sei es aus Mangel an derartigen Programmen, finanziellen Umständen, aufgrund der Krankenversicherungssituation oder aus anderen Gründen. Aktivitätsprogramme, die zu Hause durchgeführt werden, sind für viele Koronarpatienten mit einem geringen Risikostatus durchführbar und vorteilhaft. Selbst Koronarpatienten mit einem höheren Gesundheitsrisiko können nach einer sorgfältigen Untersuchung zu Hause trainieren. Die Selbstkontrolle mit einem Herzfrequenzmeßgerät ist für diese Personen allerdings sehr wichtig. Natürlich müssen sie darüber hinaus in periodischen Abständen die Rehabilitationsklinik oder ihren Arzt aufsuchen, und sie benötigen transtelefonische EKG-Übertragungen.

Bei der Gestaltung eines Rehabilitationsprogramms müssen die individuellen Bedürfnisse des Patienten berücksichtigt werden: die gesundheitliche Vorgeschichte, der medizinische Status, die Ernsthaftigkeit der Erkrankung, die funktionale Kapazität und der Status der Genesung. Es müssen erreichbare und realistische Ziele gesetzt werden, wobei die krankheitsbedingten Begrenzungen des Patienten berücksichtigt werden müssen.

Koronar-Rehabilitationsprogramme bestehen normalerweise aus vier Phasen:

Phase I = Die Periode der stationären Behandlung. Während dieser Periode, die normalerweise 6 bis 14 Tage dauert, findet die Rehabilitation normalerweise in Form von beratenden Gesprächen und leichter Bewegungstherapie statt. Die Bewegungstherapie sollte auf Aktivitäten innerhalb des normalen Bewegungsumfangs beschränkt bleiben: Sitzen, Stehen, Gehen. Der Hauptzweck besteht in der Reduzierung des Konditionsverlustes, der durch die lange Bettruhe verursacht wird.

Phase II = Die Rekonvaleszenzperiode. Während dieser 12wöchigen Periode nach der Entlassung aus dem Krankenhaus beginnt die eigentliche Bewegungstherapie. Idealerweise beginnt diese Periode innerhalb der ersten drei Wochen nach der Entlassung aus dem Krankenhaus. Die Patienten werden aufgrund ihrer medizinischen Vorgeschichte, den Ergebnissen von Stufentests und anderen Informationen einer von drei Kategorien zugeordnet: der Gruppe der Patienten mit geringem Risiko, der mit mittelmäßigem Risiko oder der mit hohem Risiko. Die Beratungen und das lebensstilorientierte Verhaltenstraining werden fortgesetzt.

Phase III = Das verlängerte, beaufsichtigte, ambulante Programm. Hierbei handelt es sich um eine Phase von 4 bis 6 Monaten, die beginnt, nachdem stabilisierte kardiovaskuläre physiologische Reaktionen erreicht worden sind.

Phase IV = Die dauernde, lebenslange, unbeaufsichtigte Beibehaltungsperiode. Während dieser Periode wenden die Patienten eine Bewegungstherapie zur Unterstützung der Lebensführung an - fast wie ein soziales Ventil. Aktivitäten wie Volleyball, Wandern oder Laufen und Tanzen halten das Interesse des Patienten hoch und ihr Training konstant. Der Schwerpunkt kann mehr auf der Aktivität als auf der Übung liegen.

Die Patienten können sich durch diese vier Phasen rückwärts und vorwärts bewegen, je nachdem, ob sie Rückfälle erleiden, Fortschritte erzielen oder stagnieren. Aber das Ziel eines koronaren Rehabilitationsprogramms ist Unabhängigkeit und das Erlernen von Selbstkontrollfertigkeiten, die zur Unabhängigkeit führen. Es ist der Job des Rehabilitationsspezialisten, darauf zu achten, daß die Patienten von der direkten ärztlichen Beaufsichtigung zu reduzierter ärztlicher Beaufsichtigung übergehen. Dies wird erreicht durch das Schaffen einer maximalen Sicherheit, durch Information und Bereitstellen von Trainingsrichtlinien und durch die Symptomkontrolle.

Die effektivsten Trainingsformen für Koronarpatienten sind die, die den folgenden Kriterien entsprechen:

- aerob,
- Einsatz großer Muskelgruppen,
- kontinuierliche Belastung,
- Zielherzfrequenz entspricht einer lockeren Intensität,
- Aufbau von Muskelkraft.

Trainingsinhalte, die diesen fünf Kriterien gerecht werden, sind: Jogging, Wandern, Laufen, Radfahren auf der Straße oder im Gelände oder auf dem Ergometer, Schwimmen, Seilspringen, Rudern, Treppensteigen, Bank-Auf- und Absteigen, Gymnastik, Armübungen und Gewichtstraining. Richtlinien für die Besonderheiten dieser Programme werden zum Teil durch die Risikoschichtung, ob niedrig, mäßig oder hoch, vorbestimmt. Patienten mit Erkrankungen der Koronargefäße sollten extreme, intensive Belastungen meiden.

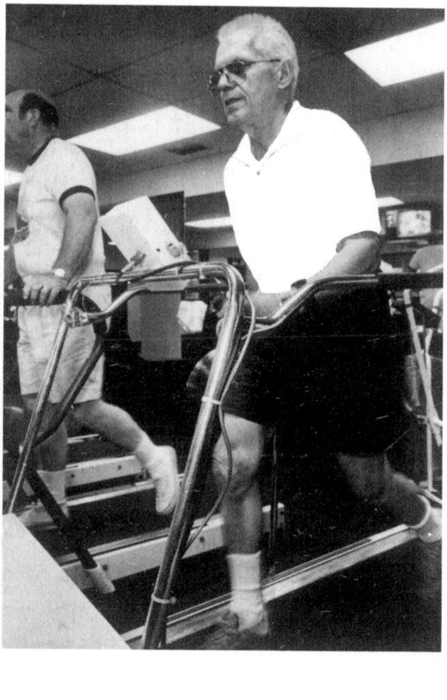

Koronarpatienten brauchen Herzfrequenzmeßgeräte zur konstanten Kontrolle ihrer Programme und ihres Fortschritts.

Die Trainingsintensität ist wahrscheinlich der wichtigste Faktor für den Koronar-Rehabilitations-Patienten. Herzfrequenz-Meßgeräte können diesen Patienten ein kontinuierliches, verläßliches Feedback geben, das ihnen bei ihrer Genesung hilft. Normalerweise werden Zielherzfrequenzen zwischen 40% oder noch typischer 60 und 80% der symptomfreien MHF verschrieben. Es ist am besten, die niedrigsten Intensitäten zu verschreiben und die Dauer der Trainingseinheiten zu verlängern, um den gewünschten Trainingseffekt zu erzielen.

Spezifische Formeln der Herzfrequenzintensitäten auf Basis symptom-limitierter MHF-Formeln wurden errechnet und sind bei Koronar-Rehabilitations-Spezialisten erhältlich. Die symptom-limitierte MHF ist die Herzfrequenz vor Auftreten abnormer Symptome.

Die Belastungsintensität sollte nie höher sein als die Angina-Schwelle des Patienten oder seiner Schwelle, nach deren Überschreitung es zu ischämischen Veränderungen der ST-Strecke kommt. Ferner sollte bei Vorliegen bekannter, komplexer Arrhythmien die Intensität nie hoch sein . Herzfrequenzmeßgeräte sind entscheidend, wenn es darum geht, den Patienten die leichte Kontrolle ihrer Herzfrequenzen zu ermöglichen, und sie können benutzt werden, um die Patienten zu warnen, wenn ihre Herzfrequenzen die vorgeschriebenen Grenzen überschreiten. Herzfrequenzmeßgeräte sind auch wichtig für Patienten mit Erkrankungen der Koronargefäße, denn für viele kann der Druck, den sie bei manueller Messung ihrer Pulsfrequenz auf Arteria carotis ausüben (Carotis-Palpation), gefährlich sein und zu dem ernsthaften Problem des Carotis-Sinus-Reflexes führen.

Medikamente, die im Rahmen der Behandlung kardiovaskulärer Erkrankungen verschrieben werden, können Belastungstests und das Training beeinflussen. Es wird normalerweise empfohlen, daß zur Diagnostik durchgeführte Belastungstests vom Patienten unter der vorgeschriebenen Medikamenteneinnahme alsolviert werden. Von den unterschiedlichen Herz-Medikamenten haben Betablocker die größte Auswirkung auf das Bewegungsprogramm. Betablocker können die positiven Effekte der Bewegungstherapie zwar nicht direkt stören, aber sie können die Spitzen-Herzfrequenz auf 50 bis 60% der prognostizierten MHF begrenzen, d.h., daß die tatsächliche Belastung größer sein kann als die angezeigte.

Koronar-Rehabilitation und Herzfrequenzmessung: Programme der Phase II

Der erste Schritt der Phase II ist die Definition des Risikoniveaus des Patienten: niedrig, mittelmäßig oder hoch. Diese Risiko-Schichtung basiert auf der gesundheitlichen Vorgeschichte des Patienten, Testergebnissen und anderen Informationen.

Danach braucht der Patient einen schriftlich fixierten Bewegungstherapieplan. Die Belastungsvorschrift sollte von der Koronar-Rehabilitations-Schwester des Patienten oder von seinem Leistungsphysiologen angefertigt werden. Die Belastungsvorschrift kann formuliert werden, nachdem der Patient einen einleitenden Stufen-Belastungstest absolviert hat und nachdem sein Risikograd festgestellt wurde. Für einige Patienten ist das Risiko eines Stufen-Belastungstests größer als die durch diesen Test gewonnene Information; daher sollten sie den Test nicht absolvieren.

Das verschriebene Training sollte mindestens drei Trainingseinheiten pro Woche enthalten, um wirkliche Effekte zu erzielen. Optimal sind vielleicht vier oder fünf Trainingseinheiten pro Woche. Die Bewegungstherapie sollte 15 bis 60 Minuten dauern. Dieses Programm der Phase II sollte nie ohne Notdienst, direkte ärztliche Aufsicht und EKG-Kontrolle erfolgen. Das Bewegungsprogramm jedes Patienten sollte jede Woche hinsichtlich Intensität, Aktivität und Dauer aktualisiert werden.

Im allgemeinen werden Patienten im Rahmen der Phase II formaler Koronar-Rehabilitationsprogramme mittels kontinuierlicher elektrokardiographischer (EKG) Telemetrie-Kontrolle kontrolliert. Die meisten Experten sind der Meinung, daß die EKG-Kontrolle für die Sicherheit und Effektivität des verordneten Bewegungsprogramms entscheidend ist, obwohl es sich um eine teure Prozedur handelt.

Während der letzten beiden Wochen des beaufsichtigten Programms der Phase II können sowohl EKG-Radiotelemetrie-Systeme als auch Herzfrequenzmeßgeräte verwendet werden. Der Zweck dieses zweifachen Protokolls ist, die Patienten in die Anwendung eines Herzfrequenzmeßgerätes einzuweisen und ihr Vertrauen in diese Geräte zu wecken. Den Patienten sollte die gesamte Spannbreite der Komponenten der Herzfrequenzkontrolle einschließlich der vielfältigen

Ziel-, Erholungs- und Ruheherzfrequenzen gezeigt werden. Wenn die Patienten dann zur Phase III, dem Aufrechterhaltungs-Trainingsprogramm fortschreiten, können sie ihr Herzfrequenzmeßgerät anstelle des EKG-Radiotelemetrie-Systems verwenden.

Wenn der Patient auf die Trainingsanpassungen reagiert, werden serielle Vergleiche, die etwa alle sechs Wochen durchgeführt werden, für Evaluationszwecke hilfreich sein. Die meisten Patienten werden in ihrem Test nach sechs Trainingswochen eine meßbare Abnahme der Ruheherzfrequenz und der Herzfrequenz bei submaximalen Belastungen im Vergleich zu ihrem Test vor Trainingsbeginn aufweisen.

Koronar-Rehabilitation und Herzfrequenzmessung: Programme der Phase III ... und danach

Programme der Phase III sind ausgedehnte, beaufsichtigte, ambulante Programme, an denen Patienten teilnehmen, die bereits seit 6 bis 12 Wochen aus dem Krankenhaus entlassen sind, klinisch stabile oder abnehmende Symptome aufweisen und die Fähigkeit besitzen, ihr Training selbst zu steuern. Diese Teilnehmer an der Phase III verlassen sich auf Folge-Belastungstests und medizinische Evaluation auf Basis der Empfehlungen des sie betreuenden Arztes. Es ist wichtig, daß diese regelmäßige ärztliche Nachkontrolle alle drei bis sechs Monate und später alle Jahre oder nach Bedarf vorgenommen wird.

Das Training der Phase III sollte allmählich bis zu einer Dauer von 45 Minuten oder mehr ausgedehnt werden, die Intensität sollte 50 bis 85% der funktionalen Kapazität betragen, und die Trainingshäufigkeit sollte drei- bis fünfmal pro Woche sein. Die funktionale Kapazität basiert auf dem klinischen Zustand und pathologischen Abnormitäten des Patienten und wird normalerweise in Form der Fähigkeit, eine Belastung durchzuhalten, gemessen (in METs).

Das Hauptziel der Phase III ist, das Trainingsprogramm beizubehalten und andere Verhaltensmodifikationsziele bis zu dem Punkt, an dem der Patient ein lebenslang Sporttreibender ist. Einer der Werte, ein Herzfrequenzmeßgerät innerhalb eines Trainingsprogramms zu gebrauchen, ist der motivationale Faktor, den das Gerät darstellt; er ist ein Schlüsselelement zur Beibehaltung einer lebenslangen Sportaktivität.

Eine Frage, die viele Koronarpatienten stellen, betrifft den Sex. Wann können sie wieder ihre normale sexuelle Aktivität aufnehmen? Es gibt psychologische Ängste, daß ein Myokardinfarkt (eine Herzattacke) und Medikamente, wie z.B. Betablocker und Diuretika, zu sexuellen Störungen führen können. Es ist aus der heutigen Sicht der Forschung unklar, ob Koronar-Rehabilitationsprogramme, besonders Sport, einen positiven Einfluß auf die Sexualfunktion einschließlich des sexuellen Interesses und Begehrens haben. Eine angemessene Beratung in der Form von Bildungsmaßnahmen und der Überweisung an Spezialisten sind ein wesentlicher Teil von Koronar-Rehabilitations-Bemühungen.

In vielerlei Hinsicht ist sexuelle Aktivität eine Form von Training. Beim Sex verbrennt man durchschnittlich genausoviel Kalorien wie beim Steigen von drei Treppen. Die durchschnittliche Herzfrequenz beim Geschlechtsverkehr beträgt 115 bis 120 Schläge/min, und während des Orgasmus kann die Herzfrequenz über 120 Schläge/min ansteigen.

Selbst bei einer Reduzierung der aeroben Kapazität können über 80% der Post-Koronarpatienten sich ohne Symptome sexuell betätigen und die meisten Berufe ausüben, die geringe körperliche Anforderungen stellen.

Herzfrequenzmeßgeräte können dem Koronar-Rehabilitanden das beruhigende Gefühl geben, in einem sicheren, produktiven Intensitätsbereich zu arbeiten. Man sollte nie Angst vor körperlicher Belastung haben, wenn sie gut kontrolliert und geplant ist. Angst sollten Sie nur vor Inaktivität haben. Ein gut durchdachtes Trainingsprogramm ermöglicht Ihnen einen gesunderen, positiveren und aktiveren Lebensstil. Sie werden nicht nur länger leben, Sie werden Ihr Leben auch mehr genießen.

Erfahrungsbericht

Neues Gerät getestet
Puls wird jetzt mit Technik gemessen

Bei rund 140 Patienten, die in acht Gruppen der "Arbeitsgemeinschaft für kardiologische Rehabilitation Remscheid" dem Reha-Sport nachgehen, hat die Technik Einzug gehalten. "Zum Wohle und für mehr Sicherheit der Patienten", davon sind Dr. Volker Peinke und Dr. Helmut Cuntze, Vorsitzende der Arbeitsgemeinschaft, überzeugt. "Patienten, Ärzten und den Übungsleitern wurde mit der neuen Technik ein Gerät an die Hand gegeben, das eine sinnvolle und exakte medizinische Puls-Überwachung während des Sports möglich macht", erläuterte Dr. Volker Peinke.

In der Halle vier der Sportanlage Lennep-Hackenberg hatte das von der Koronarsportgruppe angeschaffte Pulsmeßsystem offiziell Premiere. Dr. Volker Peinke ist von der Effektivität der Geräte nicht nur überzeugt, er hat sie im Sport selbst getestet. "Was sich im Leistungssport schon seit längerer Zeit bewährt hat, muß auch für den Bereich des Reha-Sports Anwendung finden können - das war unsere Überzeugung."

Die ersten Test-Ergebnisse waren so interessant, daß die beiden engagierten Ärzte ihre gesammelten Erfahrungen nicht nur wissenschaftlich auswerteten, man hat die Ergebnisse einem medizinischen Kongreß eingereicht. Peinke erläuterte die Bedeutung einer koronaren Sportgruppe. Sie soll helfen, die Patienten wieder an die Belastungsformen des Alltags heranzuführen. Das geschieht mit Ausdauertraining, Gymnastik und Spiel.

Da Patienten ihre Leistungsgrenzen häufig früher erreichen als gesunde Menschen - dadurch die Gefahr einer Durchblutungsstörung des Herzmuskels mit der möglichen Konsequenz eines Angina-Pectoris-Anfalls besteht -, wurden bisher während der Übungsstunden Puls-Selbstmessungen durchgeführt. "Die Remscheider kardiologische Reha-Gruppe ist eine der ersten in Deutschland, die diese Geräte für ihre Zwecke nutzt."

Übungsleiter Frithjof Grande hat das Gerät beim Triathlon, die beiden Ärzte Peinke und Cuntze in anderen Ausdauersportarten getestet. In der anstehenden Skifreizeit werden weitere Remscheider Patienten mit dem neuen Gerät ausgerüstet, das als Brustgürtel plus Armbandmeßgerät einfach zu tragen ist. Möglich wurde die kostspielige Anschaffung der Komplettanlage durch Eigenleistungen der Gruppe - besonders mit Hilfe beider Ärzte -, aber auch durch die Spendenbereitschaft eines Radsportgeschäftes in Burscheid, dessen Geschäftsführer Sven Riedesel über die eigene sportliche Vergangenheit mit Remscheid eng verbunden ist.

(aus: Bergische Morgenpost vom Januar 1992)

Kapitel 12

Hochleistung

Das Streben des Menschen nach höheren Leistungsbereichen hält bereits seit einiger Zeit an. Vielleicht ist dieser Trieb nach herausragenden Leistungen ein Überbleibsel aus einer Zeit, als es für den Menschen zwei Möglichkeiten gab: entweder zu funktionieren oder zu sterben. Dies ist natürlich schon eine ganze Zeit her. Wir brauchen uns nicht länger Gedanken über die durch Johlen und Schreien begleitende Jagd hinter schnellfüßigen Tieren über wellige Steppen unter einem blauen, smogfreien Himmel zu machen. Heute springen die meisten von uns um die Ecke in den nächsten Laden, wenn sie Hunger haben. Wenn ich manchmal nach Hause komme, halte ich ein Büschel Brokkoli über meinem Kopf und stoße einen triumphierenden Schrei aus; die große Jägerin kehrt mit ihrer Beute zurück. Aber es ist nicht genau das gleiche. Vegetarier werden manchmal aus bestimmten Traditionen herausgelassen.

Dieser prähistorische Trieb schlummert heutzutage meistens, aber mit ein wenig Einsatz kann selbst der körperlich inaktivste Mensch ihn mobilisieren. Sportwissenschaftler einschließlich Physiologen, Ernährungswissenschaftler, Biochemiker und Psychologen konzentrieren sich darauf, Sportlern bei der Perfektionierung dieses Triebs zu helfen, so daß sie immer höhere Ziele erreichen. Wonach Sportler heutzutage so streben, ist ihre optimale Trainingsintensität, die direkt mit ihrer anaeroben Schwelle (AS) korreliert.

Training im Bereich der anaeroben Schwelle

Wenn Ihnen der Begriff "anaerobe Schwelle" (AS) noch nicht ganz klar sein sollte, gibt es hierfür einen Grund: Die anaerobe Schwelle ist mit einer solchen Spannbreite von Begriffen und Vorstellungen versehen (respiratorischer Quotient, Blutlaktatkonzentrationen, Sauerstoffverbrauch und Herzfrequenzreaktionen, um nur einige zu nennen), daß nur wenige Sportler ganz klar wissen, was die anaerobe Schwelle eigentlich ist.

Eine schnelle und praktische Erklärung des Laktates kann Ihnen vielleicht helfen, die AS besser zu verstehen. Der Zeitpunkt, wenn Ihre Muskeln ermüdungsbedingt zu schmerzen beginnen, ist nicht der Zeitpunkt, zu dem Ihr Körper beginnt, Milchsäure zu produzieren, sondern es handelt sich hierbei um den Punkt, an dem Ihr Körper dieses Laktat nicht mehr länger sofort beseitigen kann. Dieser Punkt, die AS, ist also die Intensitätsstufe, bei der der Körper mehr Milchsäure (das Nebenprodukt von Muskelkontraktionen) produziert, als er eliminieren kann. Die anaerobe Schwelle ist genau der Punkt während der Belastung, an dem der zugeführte Sauerstoff und die produzierte Milchäure genau ein Gleichgewicht bilden. Es folgt auch, daß mit Anstieg der Belastungsintensität ebenfalls die Blutlaktatkonzentration ansteigt.

Nun wäre es ganz offensichtlich sehr gut, wenn man in der Lage wäre, sich immer härter zu belasten, ohne zunehmend von den Schmerzen der Laktatbildung beeinträchtigt zu werden. Hier kommt AS-Training ins Spiel (im Bereich von 80 bis 90% Ihrer MHF). Der Zweck des AS-Trainings ist, Ihrem Stoffwechselsystem beizubringen, das Laktat effektiver aus Ihren Muskeln zu entfernen.

Nachdem all dies gesagt wurde, ist das Bestimmen der AS-Stufen (sei es auf Basis einer mathematischen Gleichung oder durch eine Blutlaktatuntersuchung) wichtig für Sportler, weil es die beste Methode zur Prognose von Ausdauerleistungen ist. Erfahrene Sportler belasten sich im Wettkampf eher in Intensitätsbereichen nahe oder leicht oberhalb der anaeroben Schwelle als in Intensitätsbereichen, die dem Punkt ihrer VO_{2max} entsprechen. Die Belastungsintensität im Bereich der anaeroben Schwelle gilt daher heute als der aussagekräftigste und sicherste Indikator der aeroben Leistungsfähigkeit.

Im folgenden finden Sie die Faustregeln für das AS-Training:

- Je dichter Sie an Ihrer AS trainieren können, desto mehr steigt Ihre anaerobe Schwelle an.
- Wie die MHF ist auch die AS sportartspezifisch. Diese Spezifität ist wahrscheinlich das Ergebnis von Variationen der Masse und Leistungsfähigkeit der unterschiedlichen aktivierten Muskelmassen.
- Je mehr sich Ihre anaerobe Schwelle Ihrer MHF nähert, desto besser ist Ihre Leistung.

- Trainingseinheiten weit unterhalb der AS-Intensität sind ineffektiv hinsichtlich der Steigerung Ihrer Leistungsfähigkeit.
- Zuviele Trainingseinheiten oberhalb Ihrer AS sind auch ineffektiv und zwar aufgrund der Auswirkungen des Übertrainings.
- Das höchste und schnellste Marathontempo ist etwas langsamer als Ihr AS-Tempo.
- Das höchste und schnellste 10-km-Tempo ist typischerweise schneller als Ihr AS-Tempo.

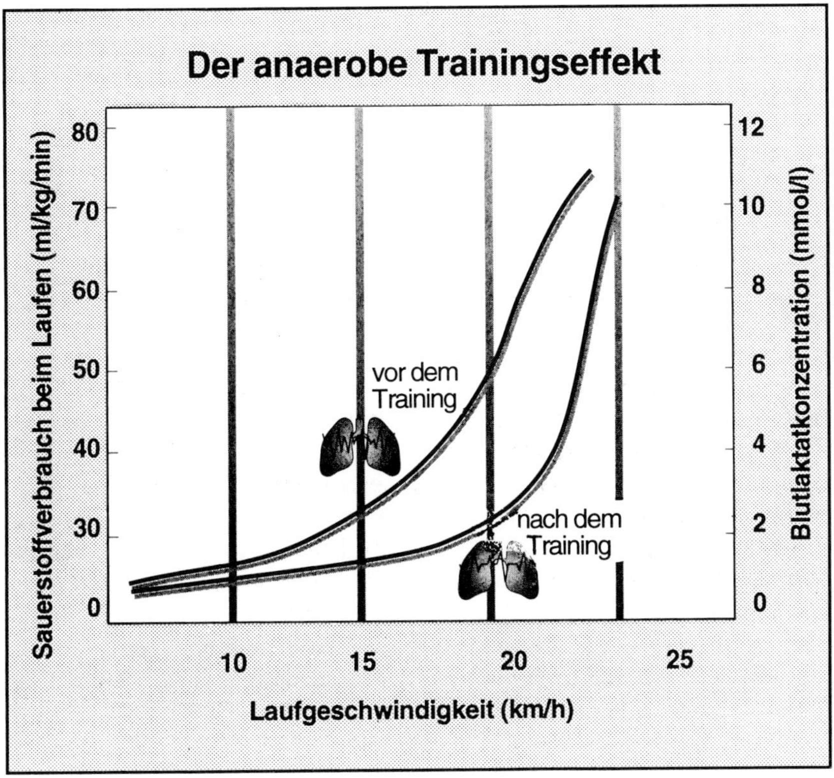

Herzfrequenzstufen und anaerobe Schwelle: Der Conconi-Test

Dem italienischen Biochemiker Dr. Francesco Conconi von der Universität Ferrara (Italien) kommt alleine das Verdienst zu, die Herzfrequenzstufen mit den AS-Stufen gleichgesetzt zu haben. Seine Untersuchungen führten ihn zu der Erkenntnis, daß in einem bestimmten Punkt die Herzfrequenz mit steigender Intensität nicht mehr linear ansteigen kann. Dieser Punkt wird der Herzfrequenz-Deflektionspunkt (im folgenden AS) genannt, und die Schnelligkeit des Sportlers an diesem Punkt wird die Deflektionsgeschwindigkeit genannt. Der Deflektionspunkt ist einer der besten Indikatoren für die Leistungsfähigkeit, die heute zur Verfügung stehen. Allerdings haben nicht alle Sportler einen spezifischen Deflektionspunkt; bei einigen Sportlern kann ein Deflektionspunkt auf Basis der Deflektionskurve bestimmt werden.

Der Conconi-Test (oder AS-Test, wie wir ihn heute nennen) ist eine sehr einfache, nicht-invasive Methode zur Bestimmung der aktuellen Herzfrequenz am Punkt der anaeroben Schwelle. Es gibt andere Methoden der Bestimmung der anaeroben Schwelle, aber bei ihnen muß man dem Sportler während der Belastung Blut entnehmen oder eine komplizierte medizinische Ausrüstung einsetzen, um Veränderungen der Atemgase festzustellen.

Mit Hilfe dieses Tests entwickelte Conconi ein Trainingsprogramm für den damals 33 Jahre alten Radrennsportler Francesco Moser, den Straßenweltmeister der Profis von 1977. Moser trainierte in periodischen Abständen mit Herzfrequenzen nahe der anaeroben Schwelle. Conconi benutzte das anaerobe Schwellentraining als Eckpfeiler von Mosers speziellem Trainingsprogramm, und das Ergebnis erstaunte die Radsportwelt, als Moser im Januar 1984 zweimal den Stundenweltrekord verbesserte. Viele führten den Erfolg von Moser auf den technologischen Fortschritt zurück: Räder aus Karbonfasern, Höhentraining, die computerisierte Kontrolle von Mosers Durchschnitts- und Idealgeschwindigkeiten, den schnelleren Bahnbelag, ein Spezialrad und ein aerodynamischer Anzug. Aber tatsächlich war es nicht die Ausrüstung oder die Umgebung, die Moser zum Sieg verhalf. Es waren die physiologischen Veränderungen, die bei Moser durch das von Conconi entwickelte, auf der Herzfrequenz-Kontrolle basierende Trainingsprogramm hervorgerufen worden waren. Einfach gesagt: Moser absolvierte ein ausgezeichnetes Training.

Conconis Untersuchungsergebnisse sind allerdings nicht unangreifbar. David Martin stellt fest: “Es gibt keinen logischen Grund, warum das Herz einen Deflektionspunkt aufweisen sollte; es gibt auch keinen logischen Grund für den nichtlinearen Verlauf der Beziehung.”

Martin fährt fort: “Conconi stellte bei allen seiner insgesamt 210 Läufern tatsächlich fest, daß mit einem belastungsbedingten Anstieg der Herzfrequenz ein Punkt erreicht wurde, ab dem der lineare Anstieg nicht länger beibehalten wird. Aber als er eine Subgruppe, bestehend aus 26 Läufern, untersuchte, um festzustellen, ob diese Veränderung im Bereich der AS stattfand, war dies nur bei zehn Läufern der Fall.

Martin seinerseits empfiehlt den “2 x 20-Minuten-Test zur Bestimmung der anaeroben Schwelle”. Dieser AS-Test erfordert eine lange Belastung mit einer gleichmäßigen Geschwindigkeit, die höher ist als die Geschwindigkeit Ihres Sonntagslaufs, aber niedriger als Ihre maximale Geschwindigkeit. Absolvieren Sie zwei 20-Minuten-Intervalle Ihrer bevorzugten Sportaktivität. Halten Sie Ihre Herzfrequenz für jede einzelne Minute fest sowie auch Ihre Endzeit. Beantworten Sie nach Absolvieren der beiden Intervalle folgende Frage: War das das Maximum dessen, was ich in dieser Zeit (insgesamt 40 Minuten) leisten konnte? Wenn die Antwort ja lautet, dann entspricht diese Herzfrequenz/dieses Tempo mit einer Schwankungsbreite von +/- 5 Schlägen/min Ihrem AS-Trainingstempo und Ihrer AS-Herzfrequenz.

Unter empirisch arbeitenden Sportwissenschaftlern besteht sicherlich eine gewisse Unsicherheit hinsichtlich des ganzen Konzepts der anaeroben Schwelle als spezifischer Deflektionspunkt. Viele behaupten, daß es angesichts der Tatsache, daß sich Laktat im ganzen Training bei jeder Intensitätsstufe bildet, gar keinen eigentlichen “Punkt”, sondern vielmehr eine anaerobe Zone gibt, einen Herzfrequenzbereich, innerhalb dessen die Laktatbildungskurve in Abhängigkeit von der Trainingsintensität einen höheren Anstieg als 10 Grad annimmt (dies wird mathematisch durch Bestimmung des Anstiegs oder der Steilheit der Kurve errechnet). Für die meisten Zwecke ist es jedoch ausreichend, die anaerobe Zone so zu bestimmen, wie wir es in einem früheren Kapitel getan haben, nämlich als 80 bis 90% Ihrer MHF.

Trainingssteuerung mit dem "Conconi-Test"

vom ehem. Bundestrainer Dr. Kuno Hottenrott

Vorbemerkungen

In der Zeit von November 1987 bis Januar 1990 haben wir 326 Conconi-Tests mit 24 ausdauertrainierten Sportlerinnen im Alter von 15 bis 24 Jahren (19,0 +/- 2,5) und 121 ausdauertrainierten Sportlern im Alter von 14 bis 51 Jahren (25,5 +/- 7,9) durchgeführt. Das von uns gewählte Testprogramm orientiert sich an den Vorgaben von Conconi u. Mitarb. (1982). Veränderungen wurden im Hinblick auf eine verbesserte Standardisierung vorgenommen.

Testanleitung

Den Conconi-Test haben wir auf einer in 50-m-Abschnitte eingeteilten 400-m-Rundbahn durchgeführt. An zwei Meßpunkten nach jeweils 200 m werden die Laufzeit und die Herzfrequenz mit dem Sport Tester ™ registriert, die übrigen Markierungen dienen der Kontrolle der Laufgeschwindigkeiten (Abb. 1).

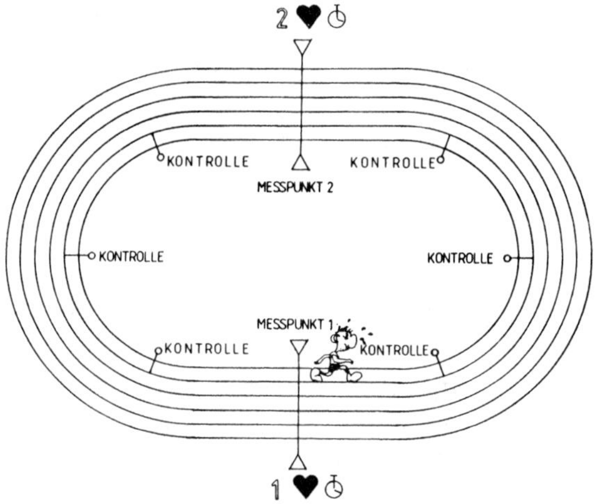

Abb. 1: Testanordnung für den Conconi-Test

Der Test beginnt grundsätzlich nach einer etwa 10minütigen Aufwärmphase (langsamer Dauerlauf). Der Puls sollte dabei nicht über 130 Schläge/min ansteigen. In Abhängigkeit von der Leistungsfähigkeit ist die Anfangsgeschwindigkeit so zu wählen, daß der Sportler mindestens 8 Belastungsstufen (= 1600 m) durchläuft. Athletinnen und Athleten mit einer 10-km-Bestzeit zwischen 32 min und 38 min können mit einem Lauftempo von 12 km/h (= 60 s über 200 m) beginnen. Besser Trainierte wählen ein höheres, weniger gut Trainierte ein niedrigeres Anfangstempo. Unabhängig vom Starttempo wird die Geschwindigkeit alle 200 m um 0,5 km/h gesteigert. Damit bleibt die Arbeit als Produkt aus Leistung und Zeit auf jeder Belastungsstufe konstant. In der Vergangenheit wurde bei vielen Untersuchungen das "Conconi-Testschema" nicht in seiner Originalform, sondern teilweise erheblich modifiziert angewendet, was zu Irritationen und widersprüchlichen Aussagen geführt hat.

Für die exakte Steuerung des Lauftempos gibt es mehrere Möglichkeiten:

1. akustisches Signal alle 10 m nach einem Takt der HRCT-Software,
2. Lauftabelle mit vorgegebenen Zeiten alle 50 m (siehe Tabelle 1),
3. Conconi-Test auf einem Laufband von "HP-COSMOS" mit vollautomatischer Geschwindigkeitssteuerung (0,5 km/h alle 200 m).

In jedem Fall wird ein speicherbarer Pulsmesser (SPORT TESTER ™ "PROFI" von POLAR ELECTRO) benötigt. Dabei empfiehlt es sich, die Herzfrequenz im 5-Sekunden-Intervall zu speichern. Der Test ist beendet, wenn entsprechend der Geschwindigkeitsvorgabe eine vollständige Ausbelastung erreicht wird.

Testauswertung

Auswertung mit der HRCT- bzw. POLAR-Software

Besteht die Möglichkeit, die gespeicherten Pulswerte mit einem Interface in einen Personalcomputer zu transferieren, so kann die Auswertung mit der HRCT- oder POLAR-Software äußerst bequem durchgeführt werden. Die Programme errechnen zugleich die aerobe und anaerobe Schwelle und geben für die unterschiedlichen Trainingsintensitäten den oberen Pulswert und die Geschwindigkeit vor.

Tab. 1: Lauftabelle für den Conconi-Test. Die hervorgehobenen Zahlen stellen die aufsummierten Sollzeiten an den 200-m-Meßpunkten dar; die kleinen Zahlen dienen der Kontrolle an den 50-m-Teilstrecken.

	0 bis 1000 m	1000 bis 2000 m	2000 bis 3000 m	3000 bis 4000 m
50 m →	0:15	4:49,6	8:40,6	11:59,4
	0:30	5:02,2	8:51,2	12:08,6
	0:45	5:14,5	9:01,7	12:17,8
200 m →	1:00,0	5:27,0	9:12,3	12:27,1
	1:14,4	5:38,9	9:22,6	12:36,1
	1:28,8	5:50,9	9:32,9	12:45,1
	1:43,1	6:02,9	9:43,1	12:54,1
400 m →	1:57,5	6:15,0	9:53,4	13:03,1
	2:11,3	6:28,5	10:03,4	13:11,9
	2:25,1	6:38,1	10:13,4	13:20,7
	2:38,8	6:49,7	10:23,4	13:29,5
600 m →	2:52,5	7:01,4	10:33,4	13:38,2
	3:05,8	7:12,7	10:43,1	13:46,8
	3:19,1	7:24,0	10:52,8	13:55,4
	3:32,4	7:35,2	11:02,6	14:03,9
800 m →	3:45,8	7:46,4	11:12,3	14:12,5
	3:58,6	7:57,3	11:21,8	14:20,9
	4:11,5	8:08,2	11:31,1	14:29,3
	4:24,3	8:19,1	11:40,8	14:37,6
1000 m →	4:37,2	8:30,0	11:50,2	14:46,0

Auswertung per Hand

Als erstes müssen die gespeicherten Puls- und Zeitwerte einzeln aus dem Sport Tester gelesen und in ein Protokollblatt übertragen werden. Anschließend erfolgt eine Umrechnung der 200-m-Zeit in km/h mit der Formel: V (km/h) = (720 / Zeit in Sekunden über 200 m). Im zweiten Schritt können die Wertepaare (Puls, Geschwindigkeit) in ein kartesisches Koordinatenkreuz mit der Herzfrequenz auf der y-Achse und der Geschwindigkeit auf der x-Achse gezeichnet werden. Sind alle Punkte übertragen, versucht man in den linearen Bereich eine Ausgleichsgerade zu legen. Punkte im oberen Pulsbereich liegen in der Regel außerhalb der linearen Herzfrequenz-Kennlinie. Der sogenannte Deflektionspunkt (Abknickpunkt) kennzeichnet die anaerobe "Conconi-Schwelle". Sie unterscheidet sich von der anaeroben "Laktat-Schwelle". Die Herzfrequenz am Abknickpunkt wird mit P_d (= pulse deflection) und die Geschwindigkeit mit V_d (= velocity deflection) bezeichnet.

Beurteilung der aeroben und anaeroben Leistungsfähigkeit

Anhand der Herzfrequenz/Geschwindigkeits-Kurve kann die Ausdauerleistungsfähigkeit beurteilt werden. Die Lage und der Anstiegswinkel der Kurve sind von mehreren Faktoren abhängig:

1. genetisch bedingte Anlagen,
2. Lebensalter,
3. Geschlecht,
4. Herzgröße,
5. Tageszeit,
6. Leistungszustand (regeneriert oder ermüdet),
7. äußere Einflüsse (Temperatur, Wind, Nässe, Bekleidung),
8. Ausdauerleistungsfähigkeit.

Die verschiedenen Einflußgrößen verdeutlichen, daß es sich bei der Herzfrequenz-Leistungskurve um eine äußerst personenbezogene Kurve handelt. Insofern sind bei Vergleichsbetrachtungen zwischen mehreren Sportlern die Punkte 1 bis 4 unbedingt mit zu berücksichtigen. Wertvoller sind allerdings intraindividuelle Vergleiche, gemeint sind hiermit Vergleiche zwischen mehreren Herzfrequenzkurven einer Person. Hierbei entfallen weitgehend die unter Punkt 1 bis 4 genannten Einflußfaktoren, bzw. sie wirken sich erst nach einer längeren Zeitspanne aus. Ferner können die Punkte 5 und 7 soweit standardisiert werden, daß auch dieser Einfluß äußerst gering bleibt. Den größten Einfluß auf die Herzfrequenz/Geschwindigkeits-Kurve hat schließlich das Niveau der Ausdauerleistungsfähigkeit, wie nachstehend aufgezeigt wird.

Abbildung 2 gibt das Conconi-Testergebnis von Michael Busch, einem Mittelstreckenläufer der deutschen Spitzenklasse, wieder. Michael Busch erreicht nach 2000 m den Deflektionspunkt der linear ansteigenden Hf-Kurve. Der P_d-Wert beträgt 174 Schläge/min und der V_d-Wert 17,4 km/h. Der Athlet ist in der Lage, nach dem Abknickpunkt weitere 1000 m mit ansteigendem Tempo zu laufen. Die Herzfrequenz erhöht sich um 14 Schläge/min auf eine Ausbelastungs-Herzfrequenz von 188 Schlägen/min. Die letzten 200 m werden in 31,7 s gelaufen, was einer Geschwindigkeit von 22,7 km/h entspricht. Die Laktatkonzentration drei Minuten nach der Belastung beträgt 16,4 mmol/l.

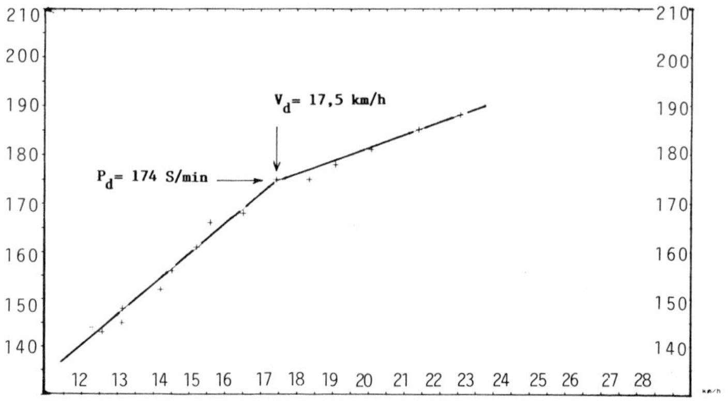

Abb. 2: Herzfrequenz-Leistungskurve eines 22jährigen Mittelstreckenläufers mit einer Bestzeit von 2:22 min über 1000 m

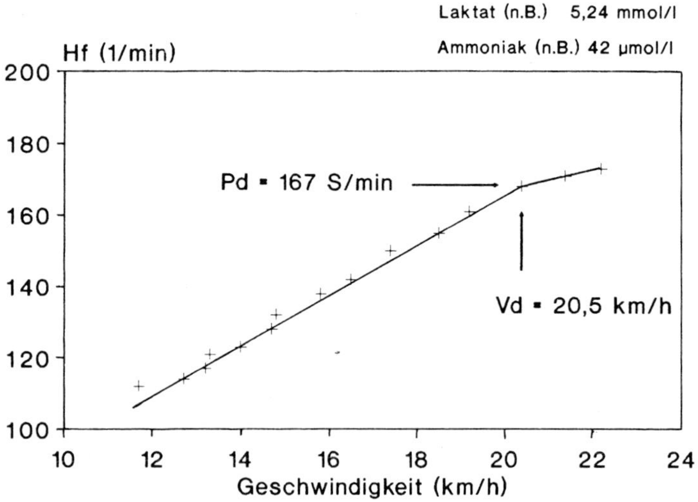

Abb. 3: Herzfrequenz-Leistungskurve eines 30jährigen Marathonläufers mit einer Bestzeit von 2:10:10 h

Beurteilung der Leistungsentwicklung

Führt der Sportler oder die Sportlerin in regelmäßigen Abständen (4 bis 6 Wochen) einen Conconi-Test durch, so kann es zu folgenden Veränderungen der Herzfrequenz-/Geschwindigkeits-Kurve kommen:

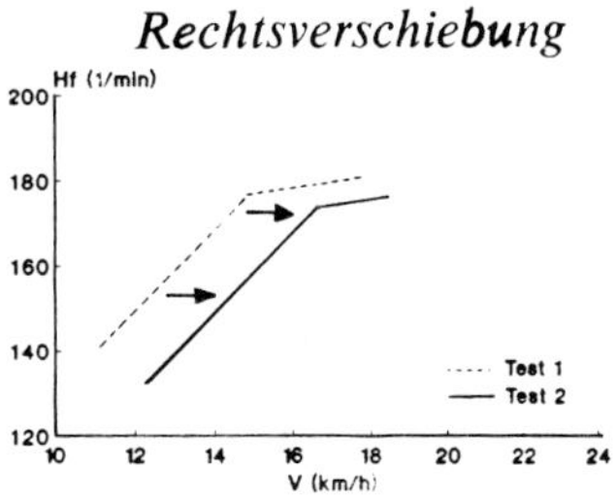

Abb. 4: Rechtsverschiebung der Herzfrequenzleistungskurve

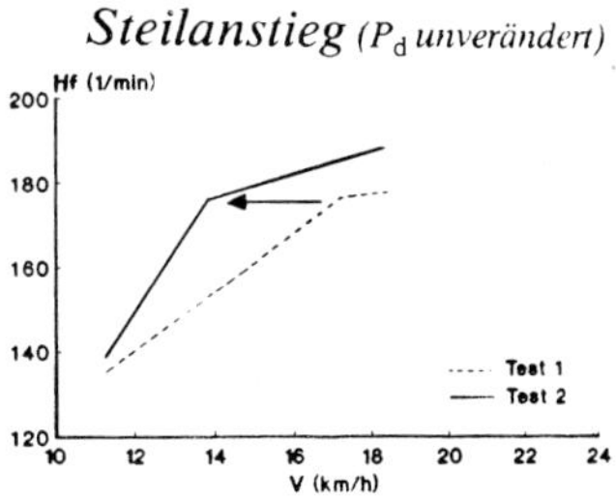

Abb. 5: Steilanstieg der Herzfrequenzleistungskurve (P_d-Wert) unverändert

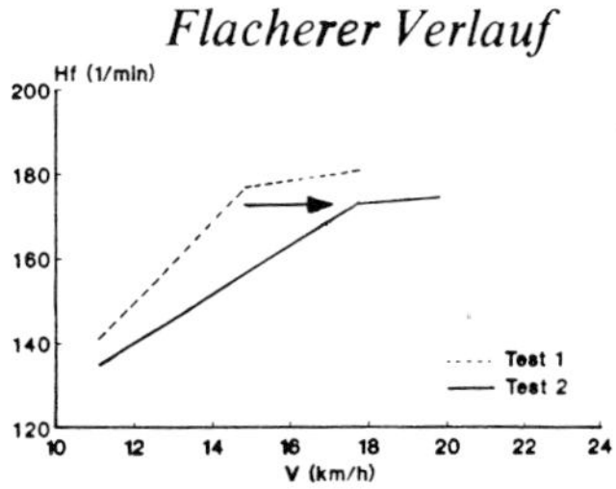

Abb. 6: Flacher Verlauf der Herzfrequenzleistungskurve

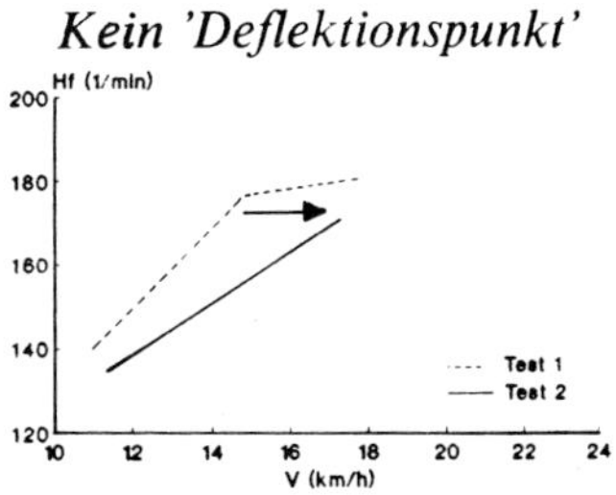

Abb. 7: Herzfrequenzleistungs-kurve ohne "Knick"

Rechts- und Linksverschiebung

Allgemein bedeutet eine Rechtsverschiebung der Herzfrequenzkurve eine Erhöhung der Ausdauerleistungsfähigkeit. Es ist zu einer positiven Umstellung und Anpassung des Organsystems gekommen. Das Herz schlägt bei gleicher Leistung mit verminderter Frequenz. Dementsprechend kann eine Linksverschiebung gleichgesetzt werden mit einer verminderten Ausdauerleistungsfähigkeit (Abb. 4).

Steilerer Kurvenverlauf bei gleichem P_d-Wert

Zu Veränderungen im Steilanstieg der Herzfrequenzkurve kann es kommen, wenn der Trainingsschwerpunkt von einem überwiegend aeroben Grundlagentraining wechselt zu einem Training mit vorwiegend intensiven anaeroben Belastungen. Dies ist oft zu beobachten, wenn die Athleten das Vorbereitungstraining abgeschlossen haben und sich auf die Hauptwettkämpfe vorbereiten. Nach dem Deflektionspunkt können die Sportler dann noch einiges "zulegen": Ihre Muskulatur besitzt eine größere Laktattoleranz und anaerobe Leistungsfähigkeit (Abb. 5).

Flacherer Kurvenverlauf

Ein flacherer Kurvenverlauf signalisiert den Trend zu einer verbesserten Grundlagenausdauer. Generell zeigen die Kurven von Altersklassensportlern und Marathonläufern einen flacheren Anstieg als jene von Jugendlichen und Mittelstreckenläufern (Abb. 6).

Kein Deflektionspunkt

Wird bei vollständiger Ausbelastung und Einhaltung der Geschwindigkeitsvorgabe (siehe Tab. 1) kein Abknickpunkt gefunden, so kann dies an mangelnder anaerober Leistungsfähigkeit liegen. Diese Annahme bestätigen einige Befunde, bei denen die Laktatkonzentrationen nach der vollständigen Ausbelastung im Conconi-Test unter 4 mmol/l lagen. Nach einigen intensiven Intervallbelastungen (10 x 300 m) sollte der Conconi-Test wiederholt werden. Es ist zu erwarten, daß der Deflektionspunkt bestimmbar wird (Abb. 7).

Herzfrequenz im Training

Für die Entwicklung der Ausdauer empfiehlt es sich, das Training nach der individuellen Herzfrequenz-Schwelle (P_d) zu steuern. In der Tabelle 2 werden Intensitätsvorgaben für die wichtigsten Trainingsbereiche des Ausdauersportlers getroffen. In der Vorbereitungsperiode trainieren beispielsweise Langstreckenläufer über 90 % ihres Kilometerumfanges im Grundlagenausdauerbereich 1.

Tab. 2: Trainingsgestaltung nach der Herzfrequenz-Schwelle (P_d)

Trainingsbereich	Trainingsmaßnahme
- Regeneration	- Dauerlauf bis 45 min Puls 75 % von P_d
- Grundlagenausdauertraining 1 (= extensives Training)	- Dauerlauf bis 1 h Puls 85 % von P_d - Dauerlauf über 1 h Puls 80 % von P_d
- Grundlagenausdauertraining 2 (= intensives Training)	- Tempodauerlauf 20-50 min Puls 95 % von P_d

Herzfrequenz und Geschwindigkeit im Wettkampf

Bei 65 Tests wurde die Conconi-Schwelle mit der Wettkampfgeschwindigkeit und der durchschnittlichen Wettkampf-Herzfrequenz in Beziehung gesetzt. Alle Sportler haben sich speziell auf den Wettkampf vorbereitet. Die mittleren Prozentwerte werden in Tabelle 3 wiedergegeben.

Tab. 3: Relative Geschwindigkeit und Herzfrequenz im Wettkampf anhand der Conconi-Schwelle bei optimaler Vorbereitung

Wettkampf		V_d %	P_d %
Marathon	n = 24	88	92
10-km-Lauf	n = 29	94	100
5-km-Lauf	n = 12	100	102

Herzfrequenz-Abweichung

Einer der Gründe, warum ich mein Herzfrequenzmeßgerät so gerne einsetze ist, daß es Spaß macht - mein Herzfrequenzmeßgerät ist mein Lieblingsspielzeug. Eines meiner liebsten Spiele, das ich mit meinem Herzfrequenzmeßgerät spiele, ist "Wie hoch, wie schnell" - wie hoch wird meine Herzfrequenz in Abhängigkeit von der Höhe meines Lauftempos ansteigen?

Das erste Mal, als ich dieses Spiel spielte, war, als ich auf dem White Bullet (einem Kestrel 4000 Rennrad) fuhr und gleichzeitig meinen Cyclometer und mein Herzfrequenzmeßgerät einschaltete. Ich beobachtete das Zusammenspiel dieser beiden Instrumente und lernte, wie meine Herzfrequenz auf mein Training reagierte. Ich begann bei 140 Schlägen/min und 25 km/h, meinem Aufwärmtempo im steady state. Dann entschloß ich mich, einmal festzustellen, wieviele Schläge/min jeder km auf dem Rad kostet. Die Ergebnisse überraschten mich.

Bei jeder Temposteigerung stieg meine Herzfrequenz exponentiell an. Bei einem Tempo von 27 km/h stieg meine Herzfrequenz auf 145. Bei einem Tempo von 29 km/h stieg sie auf 151. Bei 30,5 km/h betrug sie 158. Als ich mit 32 km/h fuhr, hatte ich eine Herzfrequenz von 166 Schlägen/min, bei 33,5 km/h stieg sie auf 175 Schlägen/min an. Bei 35 km/h kostete mich die Anstrengung 185 Schläge/min. An diesem Punkt hatte ich genug und ließ mich auf lockere 170 Schläge/min zurückfallen. Ich hielt meine Herzfrequenz während des Rests der Fahrt konstant und erreichte auf diese Weise eine meiner schnellsten Radzeiten.

Nun, abgesehen von Beispielen reiner Kraftmeierei, gibt es aber auch noch einen anderen wichtigen Grund für den deutlichen Anstieg der Herzfrequenz im Verlauf einer Trainingseinheit. Dieser Grund ist das Abweichen der Herzfrequenz, auch bekannt als "kardiales Abweichen", und damit ist der allmähliche Anstieg der Herzfrequenz im Verlauf langdauernder Trainingseinheiten gemeint, was auf die langfristigen Auswirkungen der Ermüdung, erhöhten Körpertemperatur und eventuell Dehydration zurückzuführen ist. Physiologisch gesprochen arbeitet das Herz, um ein ausreichendes Herzminutenvolumen zur Verfügung zu stellen, um die Belastung durchzuhalten und die zu den Muskeln transportierte Blutmenge in Übereinstimmung mit dem Bedarf zu halten. Um dies bei harter Belastung, bei der Ihre Muskeln mehr frisch mit Sauerstoff angereichertes Blut benötigen, zu gewährleisten, muß das Herz entweder seine Schlagfrequenz pro Minute oder die Menge des mit jedem Schlag gepumpten Blutes (Schlagvolumen) erhöhen.

Hier kommt die kardiale Abweichung ins Spiel. Wenn Sie sich belasten, ist Ihr Herz gezwungen, die Anzahl der Schläge/min zu erhöhen, denn es kompensiert auf diese Weise ein durch den Verlust an Plasmavolumen abnehmendes Schlagvolumen. Bei heißer Witterung ist die kardiale Abweichung aufgrund der Dehydration ausgeprägter. Das Gegenteil trifft bei kalter Witterung zu. Hier ist die kardiale Abweichung nicht so ausgeprägt, da der Körper nicht soviel transpiriert und daher weniger Blutvolumen verliert.

Sehen Sie sich den unten abgebildeten Ausdruck an und achten Sie auf das Abweichen der Herzfrequenz. Die Sportlerin erhöht nicht ihr Tempo oder ihre Intensität, sondern ihre Herzfrequenz ist gezwungen, das reduzierte Schlagvolumen durch einen langsamen Anstieg der Herzfrequenz zu kompensieren.

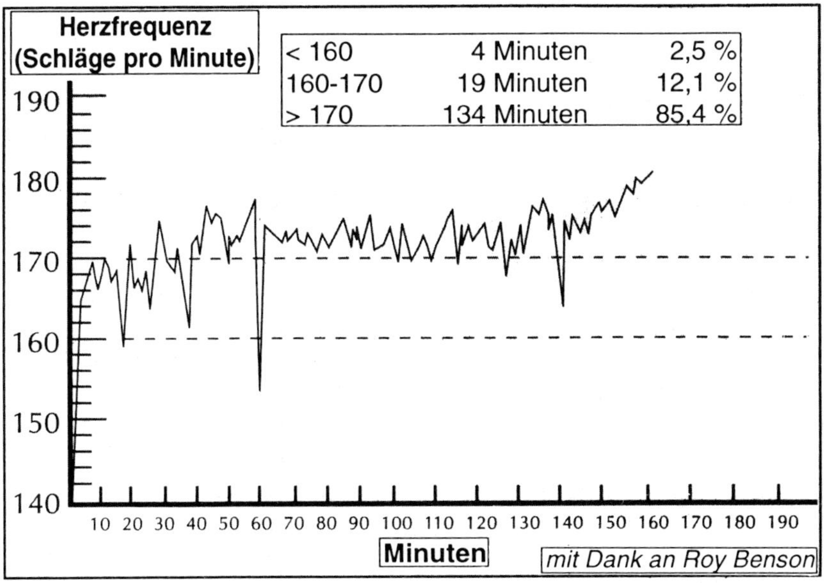

Intervalltraining mit einem Herzfrequenzmeßgerät

Wenn Sie schnell laufen wollen, müssen Sie auch in hohem Tempo trainieren. Aber selbst wenn das Steigern des Lauftempos zu einer ausgesprochen positiven Sucht werden kann, ist es nicht die effektivste Trainingsmethode. Trainieren Sie nicht danach, wie schnell sich Ihr Körper durch den Raum bewegt, sondern trainieren Sie danach, wie schnell Ihr Herz schlägt.

Sie finden eine Anzahl ausgezeichneter hochintensiver Intervall-Trainingseinheiten in den Abschnitten zur anaeroben Schwelle und roten Warnzone im Kapitel 6 und im ganzen Buch in den "Erfahrungsberichten" am Ende der meisten Kapitel. Probieren Sie sie aus. Notieren Sie bei der Planung Ihres Trainingsprogramms Ihre obere und untere Herzfrequenzgrenze für das Intervalltraining. Im folgenden finden Sie Beispiele typischer schnelligkeitsorientierter Intervalle: Laufen über 2 x 1 Meile (zwei 1-Meilen-Intervalle) und 3 x 3/4 Meile (drei 3/4-Meilen-Intervalle). Sehen Sie sich das folgende Intervall an. Was stimmt mit ihm nicht?

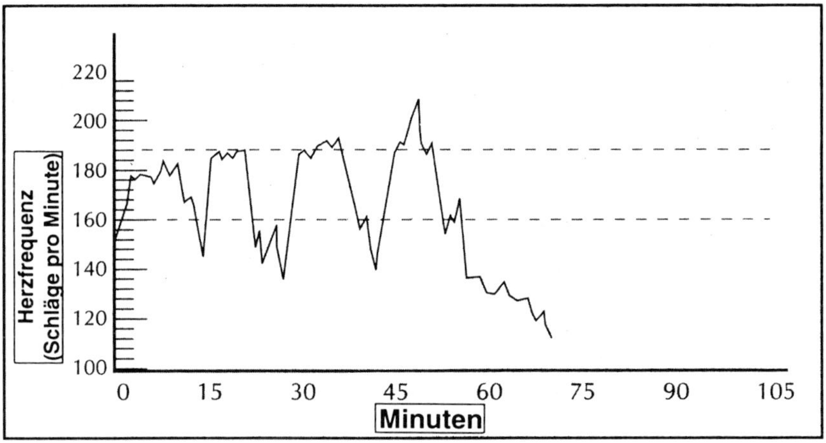

Laufintervall, Sally Edwards, 15.6.1992. 2 x 1 Meile und 3 x 3/4 Meile, Erholungspause: 400 m Traben

Die Analyse Ihrer Trainingsherzfrequenz, wie oben dargestellt, ist ein Schlüssel zum Verständnis der Programmplanung (die wirkliche Geheimwaffe im Training). Herzfrequenzmeßgeräte sollten nicht als Geschwindigkeitsmesser verwandt werden - sie sind Planungswerkzeuge. Das Problem mit dem letzten Intervall in der obigen Abbildung war, daß mein Plan 185 bis 190 Schläge/min für alle Intervalle gefordert hatte, aber beim letzten Intervall wurden nur 160 Schläge/min erreicht. Ich forderte mich zu stark, brach zusammen und gab die Einheit auf.

Es gibt eine Anzahl von Hochleistungssportlern, die bislang noch kein Herzfrequenzmeßgerät ausprobiert haben. Vielleicht sind Sie einer dieser Sportler und lesen dieses Buch auf der Suche nach einer Geheimwaffe.

Andere denken, sie brauchen kein Herzfrequenzmeßgerät, weil sie ihren Puls manuell messen können. Seien Sie vorsichtig: Bei einigen Personen kann ein starker Druck der Finger gegen die Arteria carotis (an Ihrem Hals) eine sofortige Reaktion bewirken - die Herzfrequenz wird langsamer. Wenn Sie zu diesen Personen gehören, können Sie beim Zählen Ihrer Pulsfrequenz ständig zu niedrige Werte erhalten. Folglich werden Sie mit einer höheren Intensität trainieren, als es der ursprünglich von Ihnen ausgewählten Zielherzfrequenzzone entspricht. Um zu kontrollieren, ob Sie zu niedrige Werte erhalten, müssen Sie die Meßmethode wechseln und die Ergebnisse vergleichen. Messen Sie Ihren Puls entweder an der Arteria radialis (an Ihrem Handgelenk), was zu keiner Veränderung der Herzfrequenz führt, oder, noch besser, verwenden Sie ein Herzfrequenzmeßgerät.

Das Training ist letztendlich eine Mischung von Kunst und Wissenschaft. Das Herzfrequenzmeßgerät ist die wissenschaftliche Komponente in dieser Mischung, und Sie liefern die kreative Komponente, die zu einem qualitativ hochwertigen, feinabgestimmten, individualisierten Trainingsprogramm führt. Dies wird Ihnen kein Ausrüstungsgegenstand abnehmen können.

Es ist unwahrscheinlich, daß Ihre Urahnen um ihre Höhlenfeuer herumsaßen und sich Sorgen um ihre Laktatbildung und anaerobe Schwelle machten. Nur selten sah man einen von ihnen hinter einem fliehenden Elch herlaufen, seine Beine festhalten und rufen: "Halt, Halt!, meine Laktatbildung scheint die Rate meines lokalen Laktatabbaus überstiegen zu haben!" Sie kannten nur eines: Leistung bringen oder sterben.

Seitdem sind wir sehr viel weiter gekommen. Sie können nun zu einer Laufbahn gehen und beobachten, wie Sportler ihre Runden drehen und dabei rufen: "Halt, Halt! Meine Laktatbildung scheint die Rate meines lokalen Laktatabbaus überstiegen zu haben!" Aber die Jagd gilt jetzt einer zwar schwer, aber letztendlich doch zu erreichenden Belohnung. Diese Belohnung ist mentaler Art; sie befindet sich tief in der Psyche der Sportler, treibt sie zu persönlichen Bestleistungen, Weltrekorden und Leistungen, über die andere sich nur wundern können. Die Werkzeuge, die den Jäger der Vorzeit überleben ließen - List, Schnelligkeit, Intelligenz -, sind exakt die Werkzeuge, die Sie brauchen, um Ihre Leistung in höhere Bereiche zu treiben. Lernen Sie Ihre AS und Ihre optimalen Trainingsstufen kennen, und trainieren Sie mit List, Intelligenz und Beständigkeit; diese Faktoren werden Sie schnell machen. Unsere Ahnen würden stolz sein.

Fünf Grundregeln

Im folgenden finden Sie einige Grund-Trainingsregeln, die Sie kennen und in allen fünf Intensitätsbereichen der herzfrequenzkontrollierten Trainingseinheiten befolgen müssen:

1) **48-Stunden-Regel:** Nach einer anaeroben Trainingseinheit oder einer Einheit in der roten Warnzone benötigt der Körper 48 Stunden Ruhe und/oder Belastung mit niedriger Intensität, bevor Sie erneut einen anaeroben Reiz in der gleichen Sportaktivität setzen können.

2) **24-Stunden-Regel:** Wenn Sie ein Cross-Training absolvieren, sollten Sie in jeder 24-Stunden-Periode nur eine anaerobe Trainingseinheit oder Trainingseinheit in der roten Warnzone in einer unterschiedlichen Sportaktivität absolvieren.

3) **Sparsam im Bereich Ihrer Obergrenzen:** Trainieren Sie nicht regelmäßig im Bereich der Herzfrequenz, die der roten Warnzone entspricht. Wenn Sie dies dennoch tun, werden Sie nicht nur Schmerzen haben, sondern wahrscheinlich auch irgendwann eine Verletzung erleiden.

4) **Die 10%- und 25%-Regeln:** Eine einzige anaerobe Trainingseinheit oder Trainingseinheit im Bereich der roten Warnzone sollte nicht mehr als 10% Ihres wöchentlichen Kilometerumfangs aufweisen. Die Summe aller anaeroben Trainingseinheiten oder Trainingseinheiten in der roten Warnzone sollten 25% Ihres wöchentlichen Kilometerumfangs nicht übersteigen.

Erfahrungsbericht

Leistungsdiagnostik im Triathlon

von Dr. A. Pfützner und Prof.Dr. G. Neumann

Die Leistungs- und Trainingsdiagnostik in den Ausdauersportarten ist international ein wesentlicher Bestandteil bei der Kontrolle der Leistungsentwicklung der Athleten. Diese diagnostischen Ergebnisse sind vor allem dann von Interesse, wenn es zur Leistungsstagnation oder zu nicht mehr eindeutig erklärbaren Leistungsrückständen kommt. Auch für die objektive Erfassung von Grundlagen der Triathlonleistung genügt das Wettkampfergebnis allein nicht mehr. Um künftig für die Athleten, die den Triathlon unter leistungssportlichen Gesichtspunkten betreiben, den Prozeß der Herausbildung einer Komplexleistung effektiver zu gestalten, sollte auch in dieser Sportart die Leistungsdiagnostik einen höheren Stellenwert erhalten. Dabei geht es vor allem um den Aufbau der Wirkungskette von Leistungs- und Trainingsplanung, Leistungsdiagnostik, Trainingsanalyse und Umsetzung von Trainingsentscheidungen. Voraussetzung dafür ist, daß die drei Einzelbelastungen im Triathlon zu einer Gesamtleistung zusammengeführt und auch als solche betrachtet werden.

Die bisher geübte diagnostische Verfahrensweise, irgendwann und irgendwo eine Triathlonteilkomponente zu prüfen, genügt nicht mehr dem Anspruch einer komplexen Betrachtungsweise. Die Anforderungen an eine Teststrategie in der Sportart Triathlon sind hoch und nicht in allen Untersuchungseinrichtungen zu verwirklichen.

Testaufbau des neuen Komplexprüfprogramms

Nach zahlreichen Voruntersuchungen haben wir am Forschungsinstitut für Körperkultur und Sport in Leipzig (in Abwicklung) zusammen mit den Verantwortlichen der Deutschen Triathlon Union die Entscheidung getroffen, künftig folgenden Wettkampftest durchzuführen:

- 800 m Schwimmen
- 10 km Radfahren bei einem Anstellwinkel von 3 Grad (Männer) bzw. 2 Grad (Frauen)
- 5 km Lauf

Folgende gerätetechnische Voraussetzungen wurden dabei genutzt: Nach einer Wechselzeit vom 50-m-Schwimmbecken auf das Laufband vergehen drei bis fünf Minuten. Die Sportler benutzen ihre eigene Rennmaschine und fahren damit auf dem breiten Laufband ohne Risiko. Nach dem Radfahren erfolgt das Laufen auf demselben Band, das auf Flachlauf zurückgefahren wird. Die Geschwindigkeit steuert der Sportler selbst.

Folgende Meßgrößen werden bei dem Wettkampf registriert:

- Herzschlagfrequenz fortlaufend mit einem wasserdichten Sporttester der Firma POLAR ELECTRO,
- Laktat nach dem Schwimmen, beim Radfahren und beim Lauf,
- Sauerstoffaufnahme intermittierend beim Radfahren und Lauf.

Weiterhin können die methodischen Daten wie Geschwindigkeit, Bewegungsfrequenz, Zyklusweg sowie Technik fortlaufend oder zu vereinbarten Zeitpunkten bestimmt werden.

Ein Beispiel des Geschwindigkeitsverlaufs beim Wettkampftest ist Abbildung 1 zu entnehmen. Desweiteren zeigt Abbildung 2 den biologischen Aufwand beim Triathlon, beurteilt am Verhalten der Herzfrequenz sowie Laktatkonzentration.

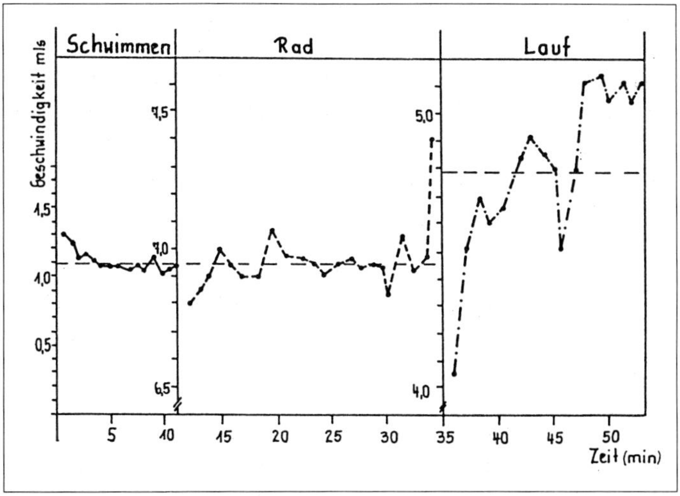

Abb. 1: Geschwindigkeitsverlauf eines Sportlers im Triathlonwettkampfsimulationstest

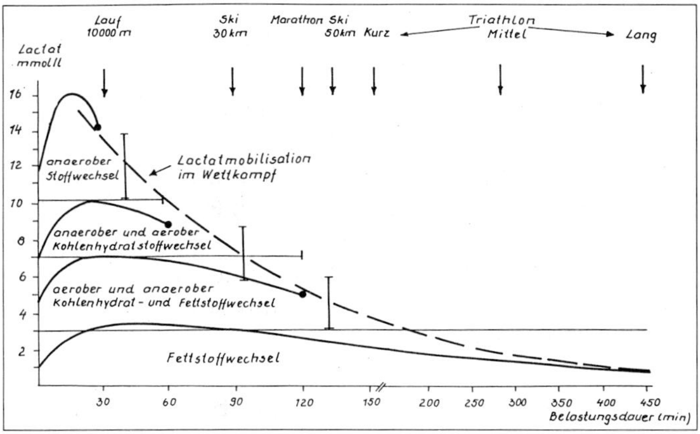

Abb. 2: Schematische Darstellung der Beziehung zwischen Stoffwechselanteilen, Laktatkonzentration und Belastungsdauer bei Ausdauerwettkämpfen (nach Neumann, 1987)

Leistungsstruktur im Triathlon

Aufgrund der Zeitbereiche, in die sich der Kurz-, Mittel- sowie Langtriathlon einordnen, wird eine optimale Bewältigung der Gesamtbelastungsdauer zum entscheidenden Leistungsfaktor in der Struktur dieser Sportart. Immerhin handelt es sich im Triathlon um Belastungen im Bereich von 2, 4 oder 8 Stunden. Diese sich daraus ergebenden differenzierten Trainingsstrukturen können künftig kaum noch mit einem einzigen Trainingskonzept bewältigt werden, wenn internationale Spitzenleistungen erreicht werden sollen. Allein die Kenntnis der energetischen Voraussetzungen setzt hierfür Grenzen.

Alle mehrstündigen Langzeitausdauerbelastungen erfordern zu ihrer energetischen Sicherung stabile Stoffwechselfließgleichgewichte. Da die körpereigenen Glykogenvorräte in Muskulatur und Leber bei Belastungen von Wettkampfcharakter nicht mehr ausreichen, besteht eine Alternative in der sinnvollen Nutzung des Fettstoffwechsels. Allerdings ist es mit dieser Einsicht allein nicht getan, der Fettstoffwechsel muß auch trainiert werden. Das von Neumann (1987) erarbeitete Modell des Kohlenhydrat- und Fettstoffwechseltrainings in den Ausdauersportarten wurde deshalb für Triathlon modifiziert (Abb. 3). Daraus ist ableitbar, daß das Training des aeroben Stoff-

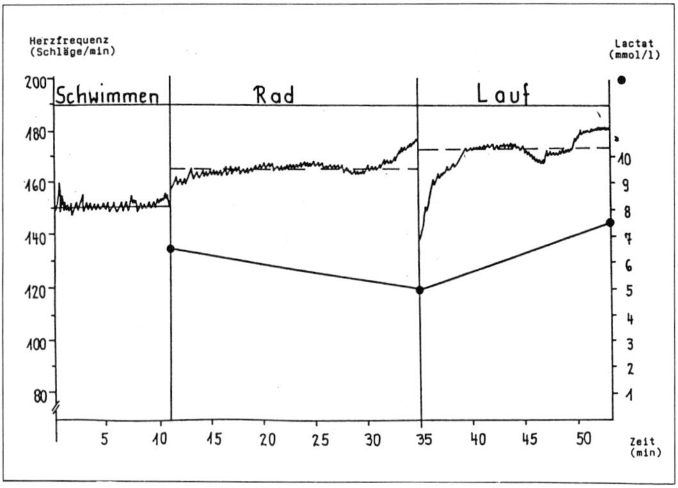

Abb. 3: Herzfrequenz-Laktat-Dynamik im Triathlonwettkampfsimulationstest

wechsels eine lange, aber nicht zu intensive Belastung erfordert. Andererseits führen intensive Belastungen im Training bei einer Laktatkonzentration über 7 mmol/l mit Sicherheit zum Abbau erarbeiteter aerober Leistungsgrundlagen.

Sinnvolle Kompromißentscheidungen bei der Wahl des Trainingsmittels und der hierzu geeigneten Intensität sind praktisch erforderlich.

Die Analyse der Wettkampfleistungsdiagnostik hilft beim vorliegenden Entwicklungsstand auch zur Beurteilung der Beanspruchung im Mitteltriathlon weiter. Ebenso eignen sich Analysen des Herzfrequenzverlaufs bei Originaltriathlonwettkämpfen mit Hilfe des Sporttesters zur Aufklärung der Leistungsstruktur. Beispielsweise ergaben Analysen, daß beim Kurztriathlon zu 98% mit einer Herzfrequenz zwischen 160 und 180 Schlägen/min. belastet wird. Im Mitteltriathlon sind es in diesem Bereich nur noch 22 %, und im Langtriathlon erfolgt die niedrigste Herzkreislaufbeanspruchung; die Herzfrequenz bewegt sich zu 76% im Bereich von 140 bis 160 Schlägen/min. Für den Trainingsprozeß ist daraus abzuleiten, daß die Entwicklung der aeroben Fähigkeiten, bei bevorzugter energetischer Sicherung über den Fettstoffwechsel, besonders bei den längeren Distanzen im Vordergrund stehen muß. Hingegen hat im Kurztriathlon die Nutzung des aeroben und anaeroben Kohlehydratabbaus einen höheren Stellenwert. Dabei ist die Entwicklung der aeroben Leistungsgrundlagen nicht so einfach, wie behauptet oder beschrieben. Im Triathlon erfolgt die spezifische Leistungsentwicklung in den Teildisziplinen unter Einbeziehung der Technikentwicklung und der Herausbildung der spezifischen Kraft- und Schnelligkeitsfähigkeiten einerseits sowie andererseits über das triathlonspezifische Kopplungstraining. Diese spezifischen Möglichkeiten des mehrdisziplinären Ausdauertrainings werden interessanterweise zunehmend auch Bestandteil des Trainings in anderen Ausdauersportarten. Davon können zukünftig enorme Belastungssportarten (Lauf, Schwimmen, Radsport) auch profitieren. Die vielseitige Muskelbelastung im Triathlon eröffnet neue menschliche Belastungshorizonte, jedoch muß dafür auch Zeit investiert werden.

Im Rahmen dieser Darstellung konnten nur einige Probleme der Testtechnologie im Komplex angeschnitten und Hinweise zum Zusammenhang von Leistungs- und Trainingsstruktur gegeben werden. Weitergehende Aufgaben bestehen in der Erarbeitung des von allen Untersuchungsstellen akzeptierten Testkomplexes, der es gestattet, je nach Trainingsschwerpunkt, Teilleistungen objektiv zu erfassen. Dabei spielt neben der Labordiagnostik auch die Leistungsdiagnose unter Feldbedingungen auf der Grundlage fähigkeitsorientierter Testprogramme zukünftig eine entscheidende Rolle. Zugleich muß das real absolvierte Training als Test-Eingangsgröße nach wissenschaftlichen Kriterien aufbereitet werden. Diese Trainingsanalyse ist keineswegs zu unterschätzen, da sie die Grundlage realer Leistungsbeurteilung aus methodischer Sicht darstellt und zudem für prognostische Überlegungen unentbehrlich wird.

Zusammengefaßt erlaubt der Wettkampfsimulationstest:

- die Aufdeckung individueller Leistungsreserven, insbesondere hinsichtlich des Entwicklungsniveaus der Wettkampfausdauer unter reproduzierbaren Bedingungen,
- die Einschätzung des Niveaus der Grundlagenausdauer,
- die reale Beurteilung der Herz-Kreislaufbeanspruchung und der Mobilisation des anaeroben Stoffwechsels zwischen den Teilbelastungen sowie
- Urteile zur Kraftausdauer und zur Technik in den Teildisziplinen.

(aus: Sport Special - Triathlon 1/91)

Kapitel 13

Die Geschichte des Herzfrequenzmeßgerätes

Es erscheint mir wichtig, die Entwicklung der Herzfrequenzmeßgeräte von ihren Anfängen als Trainingsmittel bis zu ihrem Einsatz als Produkt für die Allgemeinheit einmal nachzuvollziehen.

Schon im Zeitalter des Hippokrates und Aristoteles um 300 v.Chr. befaßte sich Praxagoras mit der Lehre vom Puls und dessen Bedeutung für die Prognose und Diagnose. Sein Schüler Herophilos legte großen Wert auf die genaue Feststellung der Pulszahl, die er mit der Wasseruhr kontrollierte.

Die HF (Herzfrequenz) zählt seit den Anfängen der Sportmedizin zu den bevorzugten Meßgrößen und konnte bis heute durch keine bessere Bestimmungsgröße abgelöst werden. Durch moderne Meßtechnik mit kabellosen, EKG-genauen Herzfrequenzmeßgeräten hat die HF erneut auf höherem Niveau an Relevanz gewonnen. Die HF hat gegenüber zahlreichen anderen Parametern grundsätzliche Vorteile. Sie ist einfach zu bestimmen, ihre Erfassung ist unblutig und sogar während der Belastung möglich. Ihr Verhalten in Körperruhe, bei submaximaler und maximaler Belastung und in der Erholungsphase zeigt Beziehungen zur Belastungsintensität, zum Belastungsumfang, zur Leistungsfähigkeit des Herz-Kreislaufsystems und zur Ausdauer-Leistungsfähigkeit.

Chinesische Heiler haben seit Jahrtausenden die von ihnen sogenannte "Dreifingermethode" verwendet, um ihre Patienten zu diagnostizieren. Sie legten drei Finger auf das Handgelenk ihrer Patienten, um sowohl den Blutdruck und die Pulsfrequenz festzustellen. Sie haben bereits vor vielen Jahrhunderten realisiert, daß diese Information zur Diagnose von Krankheiten herangezogen werden konnte.

Die den modernen Herzfrequenzmeßgeräten zugrundeliegende Idee entstand eines Tages während einer Trainingseinheit. Seppo Säynäjäkangas, ein Professor für Elektronik an der Universität von Oulu in

Finnland, lief mit einem Freund, einem Skilanglauftrainer, Ski. Der Trainer, der Seppos Hintergrund kannte, fragte ihn nach einer verläßlichen Methode zur Bestimmung der Herzfrequenz seiner Skilangläufer. Was wichtig war, dachte der Trainer, war, die Trainingsherzfrequenzen seiner Skiläufer zu kennen, um sie einem entsprechenden Konditionstraining zu unterziehen und ihre Herzfrequenzen als eine Art Indexskala der Fitneß zu verwenden.

Diese Frage inspirierte Seppo. Er forschte nach, was zur Verfügung stand und fand heraus, daß fotoreflektierende Einheiten wie ein Ohrclip oder Fingerspitzen-Pulsmeßgeräte für hart trainierende Athleten weder verläßlich noch bequem zu handhaben sind, da sie nicht drahtlos funktionieren. Er kam zu der Erkenntnis, daß die bereits existierenden EKG-Meßgeräte, die die elektrische Aktivität des Herzens messen, als Muster dienen könnten, aber sie waren zu groß und zu teuer für den privaten Einsatz. Seine Lösung bestand darin, die EKG-Technologie in eine portable Form umzusetzen, und er entwickelte seine eigenen mathematischen Algorithmen, um dies zu tun. Bei seiner Suche nach einer Methode der drahtlosen Übertragung elektrischer Herzfrequenzsignale erbat und erhielt Dr. Säynäjäkangas wissenschaftliche Unterstützung von der Finnischen Akademie und dem Finnischen Olympischen Komitee. Nachdem er genug Daten gesammelt hatte und die ersten Prototypen geplant und getestet worden waren, wurde es deutlich, daß ein realisierbares kommerzielles Produkt aus den im Elektronik-Labor der Universität Oulu stammenden Forschungsideen entwickelt werden konnte.

Seppo Säynäjäkangas gründete POLAR ELECTRO OY im Jahr 1977 als eine Firma, die die Forschung und die Entwicklung kommerzieller Herzfrequenzmeßgeräte fortsetzen und schließlich die ersten drahtlosen Herzfrequenzmeßgeräte herstellen sollte. Es dauerte zwar fünf Forschungs- und Entwicklungsjahre, bis er seine ersten kommerziellen Herzfrequenzmeßgeräte auf den Markt brachte, aber er schaffte es. Im Jahr 1982 beantragte und erhielt Seppo Säynäjäkangas das erste weltweite Patent auf sein Produkt - drahtlose, Kurz-Distanz-EKG-Telemetrie-Herzfrequenzmeßgeräte.

Es gab andere Personen in den frühen Tagen des wissenschaftlichen Sport-Trainings, die wußten, daß eine Beziehung bestand zwischen herzfrequenzorientiertem Training und sportlichem Erfolg. Der frühere ostdeutsche Radtrainer Wolfram Lindner (der heute als

“Vater” des deutschen Radsports gilt) war einer der ersten, die herzfrequenzorientierte Trainingsmethoden mit beträchtlichem Erfolg anwandten.

Mitte der siebziger Jahre konstruierten Lindner und Dr. Dietmar Junker, Professor für Leistungsphysiologie an der Universität Leipzig, einen Sendegurt, der an der Kleidung der Radrennfahrer angebracht wurde. Der Gurt war mit einer Radio-Antenne ausgestattet, die Informationen an einen in einem nachfolgenden Wagen befindlichen Empfänger übertrug. Die Trainer hörten sich die Herzfrequenz der Radfahrer über Kopfhörer an, zählten die Schläge und hielten sie schriftlich fest. Dies war eine mühsame Arbeit: Man mußte sich über Stunden hinweg Herzschläge anhören, die mit der Hand auf Millimeterpapier übertragen wurden, das als Protokoll der Trainingseinheit diente. Es war vielleicht eine schrecklich eintönige Arbeit, aber sie zahlte sich aus. Lindners Team wurde eine Macht im internationalen Radsport.

Im Jahr 1982 stellte POLAR ELECTRO OY die ersten drahtlosen Herzfrequenzmeßgeräte vor. Die erste Generation der Herzfrequenzmeßgeräte (der “PE 2000”) kam auf den Markt und wurde bereitwillig vor allem von Spitzensportlern akzeptiert. Der PE 2000 wurde in mehr als 20 Ländern der Welt verkauft. Dennoch mußten Sportler und Trainer fortfahren, Herzfrequenzwerte mit der Hand aufzuschreiben, bis POLAR ELECTRO OY im Jahr 1984 das entscheidende Software- und Interface-System entwickelte, um die Herzfrequenzdaten für das spätere Downloading in einen Computer und die Analyse zu speichern.

Bis Dezember 1984 wurde die zweite Generation drahtloser Herzfrequenzmeßgeräte mit dem Namen PE 3000 von POLAR, aber vermarktet als QUANTUM XL, UNIQ CIC HEARTWATCH und SPORT TESTER 3000, zusammen mit einer Computer-Interface-Ausrüstung und -Software freigegeben. POLAR erlaubte anderen Firmen, ihren eigenen Namen auf den PE 3000 im Rahmen einer Eigenmarken-Übereinkunft zu setzen, so daß sie sich weiterhin auf die Forschung und Entwicklung konzentrieren und die mit dem Produkt verbundene Vermarktung und Schulung etablierteren Firmen auf dem Sektor der Sportindustrie überlassen konnte.

POLAR wußte zu diesem Zeitpunkt, daß der freizeitbezogene Verbrauchermarkt für Herzfrequenzmeßgeräte riesig und noch völlig unerschlossen war. Bis zum Jahr 1987 hatten sie zusätzliche Modelle mit weniger Funktionen entwickelt, die preiswerter und daher für Freizeitsportler wesentlich attraktiver waren. Der PE 300 (kommerziell unter dem Namen UNIQUE CIC, PROTRAINER oder SPORT TESTER PE 300 bekannt) ermöglichte dem Durchschnittssportler leichten Zugriff auf ein Gerät, das vorher nur als ein Ausrüstungsgegenstand für Hochleistungssportler gegolten hatte.

In der Zwischenzeit waren weitere Firmen auf den Markt getreten. Im Jahr 1985 stellte Nike ein Gerät vor, das EKG-Technologie verwandte, und eine schwarze Box, die, um die Hüften geschnallt, als Empfänger diente. Das Gerät war von Ned Frederick und seinem Team entwickelt worden. Eine per Computer erzeugte Stimme gab die Herzfrequenz, die zurückgelegte Strecke und die absolvierte Trainingszeit über Kopfhörer an. Es gab kein visuelles Display. Nike löste die Abteilung, die diese Herzfrequenzmeßgeräte produziert hatte, nachdem sie sich nicht verkauft hatten, auf. Etwa ein halbes Dutzend anderer Firmen, die um die gleiche Zeit herum Produkte auf den Markt gebracht hatten, erlebten einen ähnlichen Untergang. Im Jahr 1987 brachten auch einige japanische Firmen, einschließlich Sanyo, Herzfrequenzmeßgeräte auf den Markt, aber da ihre Technologie von POLAR kopiert war, hinterließen ihre Produkte keinen nennenswerten Eindruck in der weiteren technischen Entwicklung der Herzfrequenzmeßgeräte.

Im Jahr 1990 wurde eine Profi-Produktlinie von POLAR angekündigt mit der Freigabe der VANTAGE XL oder SPORT TESTER Modellen, die eine Verbesserung des PE 3000 darstellten. Die Firma brachte auch den ACCUREX, PACER, CYCLOVANTAGE und OPTIMEX auf den Markt. Gleichermaßen entschloß sie sich, ihr Geschäft zu vereinheitlichen, indem sie ihre Produkte nur noch unter ihrem eigenen Markennamen POLAR vermarktete und vertrieb. Das ganze Geschäft mit den Privat-Markennamen wurde eingestellt.

Im Jahr 1991 trat Casio zum erstenmal mit ihrem BP 100, einer fotoreflektierenden Einheit, auf den Markt, die sowohl den Blutdruck als auch die Pulsfrequenz mißt. Das Gerät erforderte, daß der Benutzer sich völlig bewegungslos verhalten mußte, damit es genaue Daten lieferte - für die meisten kaum eine realistische Alternative.

Die größten Fortschritte im Bereich der Herzfrequenzmeßgeräte während des Rests dieses Jahrzehnts sollten idealerweise in zwei Bereichen stattfinden, in denen bereits große Fortschritte gemacht worden sind: Kosten und Speicherkapazität. Diese Fortschritte basieren in beiden Fällen auf den kontinuierlichen Durchbrüchen der Computer-Mikrochip-Technologie. Eines der ersten POLAR-Modelle mit verbesserten Speicherfähigkeiten ist der ACCUREX II.

Erfahrungsbericht

Wolfram Lindner
Nationaltrainer der Schweizer Straßen-Radrennfahrer

Mit 25jähriger Berufserfahrung als Verbandstrainer in der ehemaligen DDR, als Bundestrainer im Bund Deutscher Radfahrer und als Nationaltrainer der Schweiz habe ich umfangreiche Erfahrungen im Leistungssport gemacht.

Höher, schneller, weiter und gesünder ist die Devise im Breiten- und im Leistungssport.

Um diesem Anspruch gerecht zu werden, sind immer wieder neue Ideen, neue Impulse aus den verschiedensten Wissenschafts-Disziplinen gefragt.

Die entscheidenden Faktoren, die sowohl im Breiten- als auch im Hochleistungssport für die Leistungsentwicklung bzw. für eine Gesunderhaltung des Organismus Rechnung tragen, sind in erster Linie trainingsmethodische Aspekte.

In der Trainingsmethodik wiederum hat die Trainingssteuerung einen zentralen Platz. Sie ist außerordentlich kompliziert.

In den 50er, 60er und Anfang der 70er Jahre glaubte man, daß die Trainingssteuerung vor allem über die Geschwindigkeit möglich ist. In vielen Bereichen des Sports geht man in den Ausdauersport-Fragen auch heute noch von dieser Devise aus.

Intensitätssteuerung, deren Ergebnis die Geschwindigkeit ist, bildet natürlich einen wichtigen Aspekt, der unter dem Blickwinkel des Leistungsgedankens auch nicht zu streichen ist.

Die Geschwindigkeit ist aber am Ende ein Produkt. In dieses Produkt fließen alle Leistungsfaktoren, sowohl die inneren als auch die äußeren, und es ist außerordentlich kompliziert, mit Geschwindigkeiten oder anderen Intensitätsvorgaben konkrete Aussagen für die Trainingssteuerung zu treffen.

Aus diesem Grund haben wir Anfang der 70er Jahre für den Radsport beschlossen, neue Wege zu gehen. Wir haben aus allen Wissenschafts-Disziplinen Parameter-Methoden zusammengetragen, mit denen bis dato gearbeitet wurde oder versucht wurde zu arbeiten.

Dabei fanden wir heraus, daß für die Trainingssteuerung Parameter gebraucht werden, die für den Athleten immer zumutbar und ohne großen Aufwand möglich sind. Und wir brauchen einen oder mehrere Parameter, die täglich, stündlich, minütlich angewendet werden können, die eine konkrete Sofort-Information erlauben über die Gestaltung des Trainings, vor allem über seinen Inhalt.

Nach langer Diskussion kamen wir zur Herzfrequenz-Messung. In die Herzfrequenz fließen letztendlich alle inneren und äußeren Leistungsfaktoren ein; sie ist gewissermaßen ein Spiegelbild der Belastung, denen der Athlet sowohl im Breiten- wie im Leistungssport unterliegt.

Wir haben aus diesem Grunde begonnen, die Herzfrequenz zu messen. Dabei ist zunächst der sogenannte Ruhepuls außerordentlich wichtig.

Der Ruhepuls ist ein Parameter, der seit langem bekannt ist, und schon einmal eine größere Bedeutung im Sport hatte als in der gegenwärtigen Phase.

Für die moderne Trainingssteuerung geht ohne den Ruhepuls gar nichts. Mit dem (Basal-)Wert, frühmorgens vor dem Aufstehen gemessen, erhalten wir schon einen ersten Einblick über den aktuellen Zustand des Sportlers an diesem Tag.

Oft deuten sich mangelhafte Erholungsfähigkeit vom Vortag oder beginnende Krankheiten im Ruhepuls deutlich an.

Aus diesem Grunde ist es allen zu empfehlen - wir haben das in meiner 25jährigen Trainerlaufbahn immer wieder praktiziert -, daß der Ruhepuls frühmorgens gemessen wird.

Schneller wird man zuerst im Kopf, ist die Devise, und der Sportler muß davon überzeugt sein, daß es wichtig ist, den eigenen Ruhepuls selbst zu messen und ihn zu kennen.

Er muß sich klar darüber werden, warum er den Ruhepuls braucht, nämlich um

a) gesund zu bleiben, keine Fehlbelastungen einzugehen und
b) um sich für den Tag gut zu steuern.

An zweiter Stelle, und das ist nun das interessanteste, steht der Belastungspuls.

Wir haben damals die ersten Herzfrequenz-Meßgeräte selbst gebaut. Mit einem großen Sender in der Trikottasche, einer 2 m langen Antenne und einem Empfänger im Auto haben wir die Herztöne der Sportler ausgezählt. Später hatten wir eine Zählvorrichtung.

Wir waren sehr froh, als wir dann, Anfang der 80er Jahre, in der Firma POLAR einen Partner fanden, der die gleichen Ideen hatte wie wir auch, einen Partner, der technisch perfekte Lösungen parat hatte, um die Herzfrequenz telemetrisch in eine Pulsuhr zu übertragen, die der Sportler während des Trainings ablesen kann.

Die hochentwickelten Pulsuhren haben mittlerweile auch einen Speicher; wir können also bis zu 33 Stunden Training speichern, können die Daten abrufen über Interface und den PC, können Längs- und Querschnitt-Analysen damit betreiben und erhalten einen tiefen Einblick in die physiologischen Prozesse, die während der Belastung sowohl im Freizeit- also auch im Spitzensport ablaufen.

In all diesen Jahren bin ich zu wesentlichen Erkenntnissen gelangt, was die Erforschung der Leistungsstrukturen im Wettkampf mittels der Herzfrequenz anbelangt.

Für die verschiedensten Disziplinen des Radsports, sei es im Bahn-Radsport, im Straßen-Radsport, im Querfeldein- oder neuerdings auch im Mountain-Bike-Bereich hat sich herauskristallisiert, daß es doch zwischen den einzelnen Disziplinen große Unterschiede in der Leistungsstruktur, in den Leistungsanforderungen gibt.

Ausdruck dafür ist die Dynamik oder besser gesagt die Bandbreite, in der der Sportler physiologisch in den Disziplinen unterschiedlich belastet wird.

Haben wir in einem Einzel- oder Mannschafts-Zeitfahren auf der Bahn oder auf der Straße sehr hohe Herzfrequenzen über die gesamte Wettkampfdistanz, verzeichnen wir dagegen im Straßen-Einzelrennen oder im Mountain-Bike-Bereich eine sehr große Bandbreite mit einer großen Dynamik in der Herzfrequenz. Dies kommt vor allen Dingen aus der Leistungsstruktur.

Aus diesen Unterschieden haben wir versucht, die leistungsstrukturellen Zusammenhänge für die einzelnen Disziplinen in trainingsmethodisch definierte Trainingsbereiche zu formulieren. Einige wenige Trainingsbereiche, die vor allem darauf hinauszielen, die Ausdauer, die Kraft und die Schnelligkeit für die jeweilige Disziplin so zu entwickeln, daß sowohl im Breiten- wie auch im Leistungssport damit einfach und überschaubar gearbeitet werden kann. Trainingsmittel, Trainingsmethoden, Belastungsumfänge und natürlich die Steuerung des Trainings mittels der Herzfrequenz können konkret vorgenommen werden.

Mit der Steuerung des Trainings über und mit der Herzfrequenz haben wir eine ausgezeichnete Form gefunden, die dazu für den Athleten noch sehr angenehm und praktisch ist. Ohne großen Aufwand ist er in jeder Minute seiner sportlichen Betätigung über seine inneren Belastungen oder über seinen Belastungszustand informiert.

Er kann sich selbst kontrollieren, ob er sich in den Vorgaben befindet, die für die konkrete Trainingseinheit gegeben sind, ob er unter oder über den Forderungen, die aus seinem Trainingsprogramm resultieren, trainiert.
So haben wir ausgezeichnete Möglichkeiten, sowohl die Trainingssteuerung als auch die gesamte Belastungsplanung und -realisierung zu kontrollieren.

In der Arbeit mit den Athleten war die Durchsetzung der Trainingssteuerung mit Kontrolle der Herzfrequenz relativ einfach.

Die Athleten selbst haben aus den eigenen Erkenntnissen wichtige Impulse in das Gesamtsystem einfließen lassen.

Ich kann sagen, daß wir in den letzten beiden Olympiazyklen, in denen es insgesamt drei Goldmedaillen für deutsche Radsportler auf der Straße gab, nahezu 100%ig sowohl in der ehemaligen DDR als auch in Deutschland und jetzt auch in der Schweiz mit den Geräten von POLAR arbeiten und gearbeitet haben.

Das sieht so aus, daß jeder Sportler seine eigene Pulsuhr hat, die er trägt, wenn er sein Training zu Hause oder im Lehrgang durchführt.

Viele Sportler haben mittlerweile ein eigenes Interface und einen eigenen PC. Sie können zu Hause ihr Training selbst auswerten und die aus der Leistungsdiagnostik resultierenden Vorgaben auf ihre Einhaltung hin kontrollieren.

Auch im Wettkampf wird eine Pulsuhr getragen, werden Herzfrequenzen des Wettkampfes analysiert, verglichen, interessante Fragen gestellt, die in erster Linie durch die Trainer zusammen mit den Athleten beantwortet werden müssen.

Vor allem im Frühjahrs-Aufbau, aber auch in wichtigen Phasen des Jahres kommt der Trainingssteuerung eine besondere Bedeutung zu.

Im Freizeitsport ist die Bedeutung nicht anders. Auch der Freizeitsportler ist gut beraten, wenn er seine Belastung gezielt dosiert betreibt. Er fühlt sich wohler; er trainiert vor allen Dingen in Trainingsbereichen, zum Beispiel beim Ausdauertraining, im Fettstoffwechsel, der auch seiner Gesundheit wesentlich bessere Impulse setzt als der Drang zu hohen Geschwindigkeiten, zu hohen intensiven Belastungen, die zwar eine wesentlich höhere physische Beanspruchung im Moment hervorrufen, aber auf Dauer gesehen nichts bringen.

Für mich als Trainer gestaltet sich die Arbeit mit der Herzfrequenz-Messung so, daß, wie bereits dargestellt, ein großer Wert auf den Ruhepuls gelegt wird, dieser praktisch die Ausgangsposition darstellt.

Dann natürlich die Herzfrequenz während der Belastung. Sowohl im Trainingslager als auch bei allen Rundfahrten führe ich Interface und Laptop zur Auswertung mit. Die Uhren werden nach jedem Wettkampf oder nach jeder Trainingseinheit eingesammelt. Sie werden in Minutenschnelle ausgewertet, und der Sportler erhält die Kurve des Tages zur eigenen Kontrolle.

In diese Dokumentation wird weiterhin die Vorgabe, die für den Tag im Training bestand, eingetragen, und mittels der Auswertungsprogramme können wir sogar bis zur prozentualen Erfüllung der Vorgaben das eigentliche Trainingsziel kontrollieren.

Auch im Wettkampf ist die Aussage der Herzfrequenz gewaltig. Wir können anhand der Herfrequenz-Kurve der Wettkämpfe exakt feststellen, wie der Sportler sich im Wettkampf belastet hat, ob er über seine Verhältnisse oder einfach nur mitgefahren ist, inaktiv war und dadurch auch im physischen Bereich nicht das angestrebte Ziel erreicht hat.

Wir haben also mit der Herzfrequenz-Messung und mit Hilfe der Steuerung mit und über die Herzfrequenz eine ausgezeichnete Gelegenheit, das eigentliche Ziel der sportlichen Betätigung gut zu kontrollieren.

Kapitel 14

Führen Sie ein längeres und glücklicheres Leben

Herzfrequenzmeßgeräte stellen die Verbindung zwischen der körperlichen Intensität und dem Bedürfnis des Geistes nach Feedback dar. Sie liefern den greifbaren Beweis für den Fortschritt, der Sie ermutigt, fleißiger und gleichzeitig sicherer zu trainieren. Sie sind effektive Werkzeuge für Körper und Psyche.

Wenn Sie zu denjenigen gehören, die am Anfang durch ihr Herzfrequenzmeßgerät so verwirrt worden sind, daß es verstaubt ist, können Sie beruhigt sein, daß Sie nicht der einzige sind, der so frustriert wurde. Genau für Sie und Ihre Leidensgenossen habe ich dieses Buch geschrieben; noch nie zuvor bin ich von einem Trainingsmittel so beeindruckt worden, obwohl das gleiche Gerät mich kurz vorher noch so frustriert hatte.

Was ich mit Hilfe meines Herzfrequenzmeßgerätes letztendlich lernte, ist, daß Fitneß mit der Herzfrequenz und nicht mit dem Tempo zu tun hat. Um die begrenzte Zeit, die uns allen zur Verfügung steht, um uns in Form zu bringen, optimal auszunutzen, ist es wesentlich effektiver, mittels eines Herzfrequenzmeßgerätes zu messen, wie stark wir uns belasten, statt einfach zu versuchen, Tempoziele auf unseren Trainingsfahrrädern oder Rudermaschinen zu erreichen. Naturgemäß sind Tempotabellen nicht besonders individualisiert, aber Herzfrequenzen und Herzfrequenzmeßgerät-Tabellen sind es. Die machen Herzfrequenzmeßgeräte so nützlich. Wenn Sie fit sind, werden Sie eine niedrige Ruheherzfrequenz haben, und Ihr Trainingsprogramm wird intensiver sein. Andererseits, wenn Sie nicht fit sind, wird Ihre Ruheherzfrequenz hoch sein, und Ihr Trainingsprogramm braucht nur wenig intensiv zu sein, damit Sie eine geeignete Trainingsherzfrequenz erzielen. In beiden Fällen wird Ihr Herzfrequenzmeßgerät Ihr treuer Führer und Trainingsbegleiter sein.

Nach all den Tests, die ich als Sportlerin durchlaufen habe, möchte ich Ihnen etwas sagen, von dem ich hoffe, daß Sie es nie selbst herausfinden müssen: Das Messen der Fitneß kann weh tun. Im Verlaufe der Jahre wurde ich angetrieben, gequält, auf Laufbänder gestellt, um mich in den Boden zu rennen, nur um die Information zu erhalten, die Herzfrequenzmeßgeräte dauernd liefern.

Schließlich ist ein Herzfrequenzmeßgerät für mich mehr als ein bloßer Ausrüstungsgegenstand oder ein Fitneß-Werkzeug. Es ist eine Methode, um mein äußerstes Lebensziel zu erreichen. Das hört sich dramatisch an? Lassen Sie mich erklären.

Während der letzten zwölf Jahre habe ich regelmäßig mit einem Herzfrequenzmeßgerät trainiert und Rennen bestritten. Das Herzfrequenzmeßgerät war eines dieser wichtigen "Geheimnisse", von denen ich jedermann erzählte und das dafür gesorgt hat, daß ich die ganze Zeit über Wettkämpfe ohne nennenswerte Aussetzer bestreiten konnte . Ich habe vier oder fünf verschiedene Fabrikate gekauft und herausgefunden, daß einige wirklich gut funktionieren, während andere gar nicht geeignet sind. Und so, wie sich die Geräte verbessert haben, so habe auch ich mich verbessert. Ich bin kein Sklave des Herzfrequenzmeßgerätes geworden, - ich fühle mich weder nackt noch blind, wenn ich das Gerät nicht dabei habe - weil meine Herzfrequenzmeßgeräte mir geholfen haben, meine Herzfrequenzen genauso kennzulernen wie die Felsen und Kurven meiner Trainingsstrecke.

Beim Ironman Triathlon 1991 wollte ich die Master-Klasse (40 bis 44 Jahre) gewinnen. Wie immer machte ich mir einen Rennplan und versuchte, mir das Rennen im voraus vorzustellen. Am Wettkampftag ließ ich dieses mentale Video noch einmal ablaufen. Ich wußte, wann etwa der "Affe der Ermüdung" während der 180-km-Radstrecke auf meine Schulter springen würde. Ich wußte, wann der Triathlon-Hammer zuerst auf meine Beine treffen und sie dann nach dem Übergang vom Rad- zum Laufabschnitt fesseln würde. Ich wußte, welche innere Kraft nötig sein würde, um den abschließenden Marathonlauf mit 172 Schlägen pro Minute zu absolvieren.

Dies sollte mein 13. Rennen über die Ironman-Distanz sein. Ich kannte die Zwischenzeiten und die Streckenbedingungen, die Hitze und die Luftfeuchtigkeit, die schwarzen Lavafelder und den harten Wettkampf, und ich kannte mich selbst und meinen Konditionszustand.

Das Rennen verlief fast genau wie geplant. Die Zeit des Schwimmabschnitts entsprach dem Soll. Ich fuhr also mit meinem Spezial-Karbonfaserrad los und nahm den Herzfrequenzplan für den Radabschnitt auf: 155 bis 160 unabhängig von der Anzahl der Radfahrer, die schneller fahren wollten (sie flogen auf den ersten Abschnitten nur so an mir vorbei). Ich wußte, daß ich sie später wieder einholen würde.

Als ich vom Rad abstieg, mußten meine Oberschenkel dem Triathlon bereits Tribut zollen. Ich nahm das Herzfrequenzmeßgerät vom Lenker ab und legte es mir ums Handgelenk. Ich zog mir meine Laufschuhe an und lief mit einem Laufpuls (nicht Tempo) von 172 los. Meine Betreuer teilten mir mit, daß ich auf dem vierten Platz läge. Das klang nicht gut, aber ich war nicht überrascht. Die führende Frau in meiner Altersklasse hatte einen Vorsprung von 25 Minuten zu Beginn des Marathonlaufs, und ich hatte noch 3 1/2 Laufstunden bis zum Ziel vor mir.

Auch das war ein Teil des Spielplans. Ich hoffte, daß ich angesichts des vorsichtigen Radabschnitts bei einer konstanten Herzfrequenz von 155 bis 160 Schlägen/min noch über die Beinkraft verfügen würde, um meine Konkurrentinnen in diesem Wettkampf einzuholen und schließlich zu schlagen. Mit einer Herzfrequenz von 172 Schlägen/min lief ich auf den dritten Platz vor, dann auf den zweiten; aber nach der Hälfte der Distanz, bei 21 km, hatte die führende Frau immer noch einen Vorsprung von 10 Minuten. Ich mußte also fast eine Minute pro Meile schneller als sie laufen, um sie noch vor dem Ziel abzufangen.

Die Strecke des Hawaii Ironman-Triathlons verläuft verschlungen, d.h., er enthält eine Schleife zur Seite hin. Prinzipiell handelt es sich jedoch um eine Pendelstrecke. Während ich noch auf der Hinstrecke lief, befand sich die führende Frau meiner Altersklasse bereits auf der Rückstrecke. Ich hatte also die Gelegenheit, sie zurück zum Ziel laufen zu sehen, als sie mir entgegenkam.

Wie auf meinem mentalen Video sah sie kaputt aus. Das ist typisch für dieses Ultradistanz-Rennen. Ohne ein Hilfsmittel zur Tempokontrolle, ein Herzfrequenzmeßgerät, dreht der Verstand durch, und der Körper zahlt den Preis für das zu frühe, zu schnelle und zu harte Tempo. Es ist normalerweise der Radabschnitt, der dem Körper und seinem energieliefernden System so zusetzt. Den Preis für den Radabschnitt zahlt der Triathlet immer während des Laufabschnitts.

Bei Kilometer 34 der Marathonstrecke in einer Hitze von 37 °C ließ ich meine Gedanken ins Land des Negativen wandern: “Hat sie sich wieder erholt? Hat sie mich gesehen und wurde so motiviert, daß sie das Tempo noch einmal beschleunigen und noch mehr aushalten konnte?” Ich wußte es nicht. Ich wurde mutlos. Ich begann, auf meine negativen Gedanken zu hören. Vielleicht hatte mein Plan einen Fehler gehabt, vielleicht hatte das Skript meines Videos das falsche Ende. Vielleicht würde ich verlieren.

Ich blickte auf mein Herzfrequenzmeßgerät; es zeigte 155 an. Ich ließ zu, daß mein Geist meinem Körper gestattete, langsamer zu werden. Ich versuchte, mich psychisch aufzuputschen. Ich reichte dann nach unten in den Ort meines Selbstvertrauens tief in mir drin, und ich verlängerte meinen Laufschritt. Es tat weh und fiel mir sehr schwer. Ich blickte auf mein Herzfrequenzmeßgerät; es zeigte 172 an. Ich war in der Lage, mich mental wieder zu mobilisieren.

Nach 35 km sah ich sie vor mir. Sie lief langsam. Ich kam schnell von hinten heran, und als ich sie überholte, sagte ich zu ihr: “Gib Dein Bestes. Ich bin auch in Deiner Altersklasse.” Ich konnte einfach nicht an ihr vorbeilaufen, ohne ihr respektierend zu erkennen zu geben, daß ich sie kannte oder ohne sie zu ermutigen.

Als ich die letzten 800 m des Rennens in Angriff nahm, sah ich nicht mehr auf mein Herzfrequenzmeßgerät. Die Sonne war schon fast untergegangen, die Menschenmenge war riesig groß, und es machte nichts, da die Adrenalin-Hormone außer Kontrolle waren, wie wahrscheinlich auch meine Herzfrequenz. Ich wollte es gar nicht wissen, so aufregend sind diese Momente nach einem 11stündigen Wettkampf unter diesen Bedingungen.

Ich schaffte es, ich gewann. Das mentale Video war fehlerfrei. Das Herzfrequenzmeßgerät - mein Freund - hatte mich zum Sieg geführt. Es hatte mir ermöglicht, meine mentale Einstellung und meine körperliche Ausdauer zu kontrollieren und mich zum Sieg zu bringen.

Mein Trainingspartner, der Vizepräsident von Fleet Feet, Syd Winlock, war noch auf der Strecke. Es war sein erstes Rennen über die Ironman-Distanz. Er hatte sein Herzfrequenzmeßgerät auf 145 bis 150 auf dem Rad und 155 während des Laufs programmiert. Er ließ mir die Nachricht übermitteln, daß ich mich entspannen und massieren lassen sollte, denn er würde zwei Stunden nach mir ins Ziel einlaufen. So war es auch. Auch er hatte sich zu einer persönlichen Leistung gecoacht, von der er ein Jahr zuvor nur geträumt hatte. Nachdem ich monatelang mit ihm trainiert und zugesehen hatte, wie er sein Selbstvertrauen aufbaute, war ich sehr stolz auf ihn, als er die Ziellinie überquerte.

Einige könnten sagen: "Sally, Du bist 44 Jahre alt - warum kümmerst Du Dich noch um die Endzeit, Deine Herzfrequenz, Deine Gegnerin, einen Pokal?" Sie könnten genausogut Kapitän Ahab über Moby Dick befragen.

Die einzige Methode, diese Art von Mentalität zu verstehen, diesen puren Trieb, ist, ihn selbst zu erfahren. Sie werden nie wirklich verstehen, wenn Sie über fremde Erfahrungen lesen oder lesen, wie bestimmte Dinge getan werden müßten. Gehen Sie, und machen Sie Ihre Erfahrungen selbst. Gehen Sie raus und trainieren Sie, absolvieren Sie Wettkämpfe, schwitzen und bluten Sie. Gehen Sie und spüren Sie, wie es ist, so tief ins eigene Innere zu reichen, daß Sie auf Ihr ureigenstes Selbst stoßen. Gehen Sie, gewinnen und verlieren Sie, aber hören Sie nie auf, über die Welt und sich selbst zu lernen.

Es hat nichts mit Status, Preisen, der Publicity oder Geld zu tun. Für mich bedeutet es, mich in allen Muskeln meines Körpers und jeder Ecke meines Hirns lebendig zu fühlen. Es geht um diese letzte Ziellinie im Leben und darum, sie mit den Worten auf dem Zielbanner zu überqueren: "Du hast Dein Bestes gegeben."

Kahlil Gibran hat in The Beauty of Life geschrieben: "Ich würde das Lachen in meinem Herzen ... nicht gegen alle Schätze dieser Welt eintauschen." Er hat Recht! Meine wichtigsten persönlichen Besitztümer sind das Gefühl der persönlichen Erfüllung und meine Gesundheit. Ich möchte Ihnen nicht nur beides empfehlen, ich möchte Ihnen sogar empfehlen, alles was Sie haben, in dieses Gefühl zu investieren.

Ihre Investition in die Gesundheit - die Investion in Form von Wissen (dieses Buch), in Form eines Ausrüstungsgegenstandes (das Herzfrequenzmeßgerät) - hat einen persönlichen Ertrag, den Gibran das "Lachen des Herzens" nennt. Dazu kann Ihnen ein Herzfrequenzmeßgerät verhelfen - nicht nur eine Methode, eine bessere Gesundheit zu erzielen, sondern auch, sie zu genießen. Und für mich ist es eine Methode, mich lebendig, voll und ausgefüllt zu fühlen. Es ist keine Lebensweise, sondern eine Weise zu leben.

Sally beendet einen Triathlon mit ihrem Herzfrequenzmeßgerät in der Hand. Letztendlich läßt sich ein längeres und glücklicheres Leben am besten mit Freunden realisieren.

Anhang A

Herzfrequenzformeln

Es scheint manchmal, als gäbe es genausoviele unterschiedliche Berechnungen zur Bestimmung der Trainingsherzfrequenzen (THR, auch bekannt als Ihre Zielherzfrequenzzone) wie unterschiedliche Methoden, die Herzfrequenzen zu beschreiben. Im folgenden finden Sie einige dieser Methoden, achten Sie jedoch bitte darauf, daß die Spannbreite der Rechnungen sich erheblich unterscheidet, weil jede dieser Formeln von unterschiedlichen Parametern abhängt. Für unsere Zwecke werden wir das Profil eines 35jährigen verwenden mit einer maximalen Herzfrequenz (MHF) von 180 Schlägen/min, einer Ruheherzfrequenz (RHF) von 80 und einer Herzfrequenzreserve (HFR) von 100.

Karvonen-Formel: Diese Methode benutzt die HFR, um die THF zu finden.

THF = RHF + {(MHF - RHF) x % der Intensität}

oder

THF = RHF + (HFR x % der Intensität)

Die THF für eine Trainingsintensität von 70% des Maximums würde also folgendermaßen ausgerechnet:

THF = 80 + (100 x 0,70)
= 150 Schläge/min

MHF-Methode: Diese Methode verwendet ganz einfach Ihre persönliche MHF zur Bestimmung Ihrer ZHF:

ZHF = MHF x % der Intensität
ZHF = 180 x 0,70
= 126 Schläge/min

Altersangepaßte Methode: Diese Methode verwendet Ihr Alter und Ihre mathematisch errechnete MHF zur Bestimmung Ihrer ZHF.

(Achtung: Da diese Methode eine mathematisch errechnete MHF und keine durch einen Fitneßtest bestimmte MHF verwendet, kann der Fehlerquotient dieser Rechnung bis zu 40 Schlägen/min betragen.)

ZHF = altersangepaßte MHF x % der Intensität
ZHF = (220 - Alter) x Intensität
= (220 - 35) x 0,70
= 185 x 0,70
= 129,5 Schläge/min

Wie Sie sehen können, gibt es eine große Spannbreite von Unterschieden zwischen den obigen 70%-Trainingsintensitätszahlen. Seien Sie also gewarnt, daß mathematische Formeln nicht immer 100prozentig genau sein müssen. Im folgenden finden Sie einige mathematische Formeln zur Bestimmung unterschiedlicher Trainingsintensitäten und andere damit zusammenhängende Zahlen.

Anhang B

Test für Ihr persönliches Trainingsprogramm

UKK-Walking-Test

Eine einfache Methode, Ihre persönliche Ausdauerleistung zu bestimmen, ist der 2-km-Gehtest. Dieser Test kommt aus Finnland und wurde dort vom UKK-Institut/Tampere unter sportmedizinischen Gesichtspunkten erprobt und wissenschaftlich abgesichert. Der Walking-Test erbringt aussagekräftige Resultate bei 20 - 65 Jahre alten, gesunden und mäßig übergewichtigen Freizeitsportlern/-innen, allerdings nicht bei hochaktiven Sportlern/-innen mit großer Fitneß.

Durchführung. Legen Sie eine 2 km lange Strecke (z.B. 5 Stadion-Runden) so schnell wie möglich im Gehen zurück. Die Strecke sollte nicht hügelig sein, da sonst das Ergebnis verfälscht wird. Beachten Sie die Walking-Technik. Messen Sie die benötigte Zeit auf die Sekunde genau und ermitteln Sie direkt nach dem Walking-Test Ihren Belastungspuls.

Ihr persönliches Test-Ergebnis und Trainingsprogramm. Die Bewertung des 2-km-Gehtestes erfolgt durch die Berechnung eines Leistungsindexes, in den nicht nur die benötigte Zeit und der Belastungspuls als Werte eingehen, sondern auch Alter, Geschlecht, Größe und Gewicht. Mit Hilfe dieser Daten kann Ihr persönliches Testergebnis errechnet und ein individuelles Trainingsprogramm zusammengestellt werden.

Wenn Sie an einer Auswertung interessiert sind, sollten Sie Ihr Testergebnis an das Institut für Präventive Diagnostik, Aktivitäts- und Gesundheitsförderung, Postfach 11 05, 76662 Bad Schönborn, schicken. Sie erhalten dann gegen eine Schutzgebühr von 30 DM umgehend Ihre Testauswertung mit einem individuellen Trainingsplan. In diesem Trainingsplan ist Ihre Leistungsfähigkeit, Ihr Alter und Ihre Konstitution berücksichtigt. Die Gruppenauswertung (ab 10 Testbögen) kostet 15 DM.

Bitte in Blockschrift

Name: ______________________ **Vorname:** ___________________

Geb.-Datum: ____

Anschrift: ____

Alter: ______________ **Jahre**

Belastungspuls: ______ **Schläge/min**

Gewicht: ____________ **kg**

Benötigte Zeit für 2 km: _______ **min** ______ **sec**

Größe: _____________ **cm**

Geschlecht: ❑ **männl.** ❑ **weibl.**

Predia-Test

Der Predia-Test ist erfolgreich an über 2000 Sportlern erprobt worden und basiert auf einer über 20jährigen Erfahrung in der Trainingsbetreuung von Leistungssportlern.

Machen Sie den Predia-Test mit dem Herzfrequenzmeßgerät. Mit unserer Auswertung Ihrer Testergebnisse werden Sie Ihr Training optimieren und Ihrem persönlichen Ziel entscheidend näherkommen. Gegen die Zusendung des ausgefüllten und unterschriebenen Testprotokolls und einem Unkostenbeitrag von 30 DM (bar oder Verrechnungsscheck) erhalten Sie innerhalb einer Woche Ihre Testauswertung. Diese beinhaltet Ihre Herzfrequenz-Vorgaben in den einzelnen Trainingsbereichen, Trainingsempfehlungen und eine Tabelle zur Dokumentation Ihrer Leistungsentwicklung.

Predia-Sport, Dr.-Geßler-Straße 16, 93051 Regensburg.

Predia-Test-Anleitung. Absolvieren Sie folgenden Test ohne Pause auf dem Laufband (0,5° Anstieg), der Laufbahn oder dem Ergometer (90 U/min) bzw. auf dem Straßenrennrad auf ebener Strecke bei Windstille und asphaltiertem Belag mit normalen Laufrädern. Messen Sie am Ende jeder Stufe Ihre Herzfrequenz mit Hilfe eines POLAR-Herzfrequenzmeßgerätes (mitteln Sie die letzten 10 Sekunden). Die maximale Herzfrequenz ermitteln Sie bei einer ca. 40-50 Sek.-Belastung (Rad oder Lauf) mit maximaler Intensität. Bitte denken Sie an eine 15-20minütige Aufwärmphase. Messung unmittelbar nach Abbruch der Belastung.

Name, Vorname: ______________________________

Sportart: ______________________________

Straße: ____________________ **PLZ/Wohnort:** ______________

Alter: ____________________ **Geschlecht:** ______________

Größe: ____________________ **Gewicht:** ______________

Ergometer Watt	Straße km/h	HF S/min	Laufband km/h	Laufbahn 200-m-Zeit	HF S/min
3 Min 80	22		3 Min. 9.0	800 m 80 Sek.	
3 Min. 120	26		3 Min. 10.5	800 m 69 Sek.	
3 Min. 160	30		3 Min. 12.0	800 m 60 Sek.	
maximale Herzfrequenz RAD			maximale Herzfrequenz LAUF		

Der Teilnehmer erklärt mit seiner Unterschrift, daß aus ärztlicher Sicht keine Einwände gegen einen Leistungstest bestehen. Beim Test wird auch der Maximal-Puls gemessen, so daß bei herz- bzw. gefäßkranken Teilnehmern medizinische Probleme nicht ausgeschlossen sind.
Predia-Sport übernimmt keine Haftung.

Datum: ____________________ Unterschrift: ____________________

Der Ausdauer-Profi-Test

Ihr persönliches Trainingsprogramm (von Dr. Kuno Hottenrott)

Wenn Sie sich entschlossen haben, die Ausdauerleistung in Ihrer Sportart zu verbessern, können wir Ihnen ein persönliches Trainingsprogramm zusammenstellen. Die Trainingsempfehlungen basieren auf neuesten wissenschaftlichen Erkenntnissen und werden für Sie vom Sportwissenschaftler und Ex-Bundestrainer für Triathlon, Dr. Kuno Hottenrott, ausgearbeitet.

Auf das individuelle Leistungsniveau abgestimmt, erhalten Sie:
- Intensitätsvorgaben für das Grundlagentraining und das wettkampfspezifische Ausdauertraining,
- individuell ausgearbeitete Trainingseinheiten,
- drei Vierwochenpläne für die Vorbereitungs- und Wettkampfphase sowie
- Empfehlungen für eine optimale Ernährung in Ihrer Sportart.

... und so erhalten Sie Ihr persönliches Trainingsprogramm:
Senden Sie den ausgefüllten Fragebogen zusammen mit einem Verrechnungsscheck über 40 DM in einem Briefumschlag an folgende Adresse:
Der AusdauerProfi, Im Wiesengrund 10, 34225 Baunatal.

Gefördert von *Dr. Loges Sportscare*, Winsen

Fragebogen für Ihr persönliches

TRAININGS-PROGRAMM

Name: ______________________ Vorname: ______________________

Straße: ________________ PLZ: ________ Ort: ______________________

Telefon: ________________ Telefax: ________________

Die Angaben Ihrer persönlichen Daten sind geschützt. Sie werden gelöscht, sobald sie für den Erhebungszweck nicht mehr erforderlich sind.

Alter: ______ Größe: ________ cm Gewicht: ________ kg

männlich ☐ weiblich ☐

Für welche Sportart möchten Sie ein persönliches Trainingsprogramm?
(Bitte nur eine Sportart ankreuzen)

☐ Langstreckenlauf ☐ Triathlon ☐ kurz ☐ lang ☐ Mountainbike

☐ Langstreckenschwimmen ☐ Duathlon ☐ kurz ☐ lang ☐ Straßenradfahren

Geben Sie für die angekreuzte Sportart Ihren derzeitigen Leistungsstand bei optimalen Strecken- und Klimabedingungen an!

Laufen (10 km): ______________________ Zeit
Schwimmen (400 m): ______________________ Zeit
Radfahren (40 km): ______________________ Zeit

Geben Sie für die angekreuzte Sportart den absolvierten Trainingsumfang des letzten Jahres an!

Laufen: ______________ km/Jahr oder ______________ h/Jahr
Schwimmen: ______________ km/Jahr oder ______________ h/Jahr
Radfahren: ______________ km/Jahr oder ______________ h/Jahr

Geben Sie Ihre morgendliche Ruhe-Herzfrequenz an!

________ Ruhe-Hf (Schläge pro min)

Geben Sie für die angekreuzte Sportart Ihre maximale Herzfrequenz an!
Voraussetzung für die Bestimmung der maximalen Herzfrequenz ist ein guter gesundheitlicher Zustand und daß aus ärztlicher Sicht keine Einwände bestehen.

Laufen(z.B. 1000 m maximal): ______________ Schläge pro min
Schwimmen (z.B. 200 m maximal): ______________ Schläge pro min
Radfahren / MTB (z.B. 2000 m maximal): ______________ Schläge pro min

In welcher Trainingsperiode sollen die gewünschten Programme zur Anwendung kommen?

☐ allgemeine Vorbereitung ☐ spezielle Vorbereitung ☐ Wettkampfphase

Wieviel Stunden möchten Sie durchschnittlich in der Woche trainieren?

______________ Stunden pro Woche

Wenn Sie sich auf einen bestimmten Wettkampf vorbereiten wollen, so geben Sie bitte Name, Ort und Termin des Wettkampfes an!

____

Zusatzfrage: Sofern bekannt, geben Sie Ihren Pulswert nach einer fünfminütigen Ausdauerbelastung im Laufen oder Radfahren (flach) an:

Lauf	v = 6 min/km	Lauf	v = 5 min/km	Lauf	v = 4 min/km
________	Puls/min	________	Puls/min	________	Puls/min
Rad	v = 26 min/km	Rad	v = 30 min/km	Rad	v = 34 min/km
________	Puls/min	________	Puls/min	________	Puls/min

Senden Sie den ausgefüllten Fragebogen zusammen mit einem Verrechnungsscheck über DM 40,- an folgende Adresse:

DER AUSDAUERPROFI

Im Wiesengrund 10
34225 Baunatal

☐ Senden Sie mir bitte Unterlagen aus dem *Dr. Loges sportsCARE*-Programm zu, oder wenden Sie sich direkt an Dr. Loges + Co GmbH:
Tel.: 04171-707-0; Fax: 04171-707100

☐ Senden Sie mir bitte Informationen über kabellose Herzfrequenz-Meßgeräte von Polar, oder wenden Sie sich direkt an Polar Electro GmbH:
Tel.: 06152-54076/7; Fax: 06152-53432